# SOUVENIRS

DE

# L'ITALIE.

# SOUVENIRS

## DE

# L'ITALIE,

### Par M. AUBERT DE LINSOLAS.

## AVIGNON,

RASTOUL, IMPRIMEUR-ÉDITEUR,

PLACE PUITS-DES-BOEUFS, 4 et 5.

## 1836.

# Introduction

## AUX SOUVENIRS DE L'ITALIE.

A-t-on tout dit sur l'Italie? — Nous ne le croyons pas; cette terre est si féconde en souvenirs, si riche en monuments, qu'il y a toujours ample moisson à recueillir pour le voyageur, soit qu'il reproduise ses émotions avec la plume de l'écrivain ou avec le crayon de l'artiste. Le concours de l'écrivain et de l'artiste est même nécessaire pour saisir toutes les harmonies d'un sujet si vaste; la description d'un édifice, un tableau de mœurs, s'illuminent, en quelque sorte, au contact de la planche qui rend l'aspect de cet édifice, qui met sous les yeux du lecteur, vivante et palpable, la représentation d'une scène populaire. Le meilleur ouvrage sur l'Italie sera donc un *Voyage pittoresque*.

Il en existe plusieurs : de grandes et belles collections ont été consacrées à ce but ; mais ces collections, par les dimensions du format et la cherté du prix, ne conviennent qu'aux classes favorisées par la fortune. On ne les trouve que dans les bibliothèques publiques et sur les rayons en acajou de l'homme du monde. Les livres ont leur aristocratie. Et précisément ces livres de luxe s'adressent à ceux qui peuvent, au gré de leur fantaisie, entreprendre un voyage en Italie, parcourir la Péninsule en chaise de poste, et étudier à loisir la nature, les monuments et les mœurs.

Mais ces nombreux lecteurs, que d'impérieux devoirs attachent au sol natal, qui eux aussi rêvent avec bonheur aux délices de l'Italie, et qui, les yeux fixés vers cette terre promise qu'ils ne fouleront jamais, ne peuvent satisfaire leur vœu le plus cher, ceux-là demandent et réclament un livre dont les relations fidèles les transportent dans ce beau pays, où se réunissent à l'envi les merveilles de la nature, les pompes de l'histoire, le prestige des arts et les enchantements de la poésie.

A ce livre, comme commentaire du texte, des planches multipliées : elles forment aujourd'hui le complément obligé de toute publication. Jusque-là, rien ne distingue ces deux volumes de *Souvenirs* des voyages qui les ont précédés. A quoi bon dès lors jeter dans la circulation un ouvrage de plus sur un sujet si connu !

Il est facile de répondre. D'abord, l'auteur tenant tour à tour la plume de l'écrivain et le crayon du dessinateur, il a dû résulter de cette circonstance quelque chose de plus vrai, de plus spontané dans ses jugements et dans ses esquisses. L'artiste a réagi sur l'écrivain, comme celui-ci sur l'artiste.

Mais, indépendamment de ce fait, les *Souvenirs de l'Italie* se recommandent à une classe nombreuse de lecteurs par une spécialité trop souvent négligée : absence de discussion politique et de détails dangereux sous le rapport de la religion et des mœurs.

Ce scrupule de bon goût qui répugne à tout esprit frondeur, qui respecte les usages et les traditions d'un peuple étranger, qui s'interdit ces élans de verve impie, dont la dignité de notre siècle a fait justice, ce scrupule de bon goût ouvrira aux *Souvenirs* le sanctuaire des familles et l'accès de la Péninsule. Ce n'est point en courant, en traversant une contrée qui nous était inconnue, ce n'est point au milieu de la rapidité d'un voyage, que l'on peut pénétrer dans tous les détails de l'existence publique et privée. Nous connaissons à peine nos lois, nos coutumes, nos préjugés, et nous voudrions condamner les lois, les coutumes, les préjugés d'une nation étrangère, dont le contraste avec toutes nos idées d'enfance suffit pour égarer notre opinion !

Voilà quelques-unes des considérations qui militent en faveur des deux volumes auxquels nous attachons ces lignes en forme d'introduction.

Nous persistons à croire que beaucoup de livres restent à faire ; que, malgré l'encombrement des littératures modernes, il y a encore plus d'une place inoccupée, plus d'un vide à combler.

Par exemple, sans sortir du sujet des *Souvenirs*, en prenant pour texte l'Italie, comment séparer la relation d'un voyage dans ces belles contrées, comment la séparer des découvertes et des conquêtes de l'école historique contemporaine? On sait que ces découvertes et ces conquêtes ont totalement changé le point de vue sous lequel nous apparaissaient l'antiquité, et surtout le moyen-âge. Cette espèce de révolution dans l'appréciation des hommes et des choses, cet éclair de lumière qui jaillit sur des époques long-temps obscures ou nébuleuses, ces horizons qui se révèlent depuis peu avec leurs riches perspectives, tout cela n'exerce-t-il pas une influence directe, active, sur les jugements du voyageur, dès qu'il veut les formuler avec la plume ou avec le crayon?

Les monuments d'un peuple ne sont que des pages de granit et de marbre ; mais il faut savoir les lire ; et c'est l'Histoire qui en explique le sens. Ainsi, pour les constructions étrusques, ne demandez rien aux Romains, à cette race jalouse et égoïste qui s'est efforcée de détruire les vestiges de toutes les nations qui l'ont précédée en Italie. Recherchez, à l'aide de la critique moderne, ce que furent les *Lucumonies* étrusques ; vous parviendrez de cette manière à ressusciter une grande et belle nationalité.

Il en sera de même à l'égard des autres peuples, dont l'existence multiple et variée se confond bon gré, mal gré, sous la dénomination générique d'Italiens. Chaque révélation de l'Histoire aura son symbole dans les styles architectoniques, comme son origine dans la nature du sol, dans les accidents du terrain.

Au reste, ne soyons point surpris que l'Italie

appelle dans son sein tant de voyageurs, et provoque tant de publications, tant de récits, tant d'ouvrages qui sont consacrés à reproduire les merveilles d'une terre privilégiée ; l'empreinte romaine a pour jamais excité la sympathie et l'intérêt de toutes les nations civilisées, de tous les hommes qui pensent.

Le nom et l'empire de Rome ont quelque chose de mystérieux, de magique, de surnaturel : en vain la raison voudrait discuter et détruire cette impression ; l'imagination l'emporte. Mais, si dans les temps antiques, si aux jours de dévouement et d'épreuve de la primitive Eglise, Rome absorbe, efface et résume en elle seule l'Italie comme le monde ; plus tard, sa décadence permet à chaque ville italienne de jeter un vif éclat. La Péninsule se dessine alors comme une éclatante mosaïque, il n'y a d'unité que dans la religion et le langage ; le reste diffère. Pise, Gênes, Venise, toutes les trois, puissances maritimes de premier ordre, n'ont pourtant rien de commun, rien d'identique dans leurs mœurs, dans leur politique, dans leurs annales. Naples ne ressemble pas plus à Milan, que Ferrare ne ressemble à Florence ou à Bologne.

Nous avons indiqué l'unité de religion et de langage comme le double lien national de l'Italie ; il faut y ajouter ensuite un troisième lien, l'amour de l'art qui, dès les premiers jours de la renaissance, constitue effectivement l'essence et le fond du caractère italien, du caractère moderne.

Pendant les beaux siècles de la civilisation antique, il y eut chez les Romains plus de prétention et d'engouement que de véritable passion pour l'art. Les descendants de Romulus, hors quelques rares exceptions, ressemblèrent presque toujours à ces favoris de la fortune qui, pour se donner une contenance dans ces palais où ils 'ne sont point nés, y appellent les séductions du génie.

Plus heureux, les Italiens de la renaissance, des temps modernes, et leurs enfants, ont eu le monopole de cet instinct artistique qui se manifesta jadis dans tous les détails de l'existence des Hellènes, de ce peuple-modèle appelé à saisir le *beau*, à en offrir le type le plus complet.

Les *Souvenirs* de M. Aubert de Linsolas s'attachent presque exclusivement à retracer sous cet aspect l'Italie et ses habitants, à en dénombrer les trésors. Comme nous le disions dans le Prospectus, l'auteur n'a point cherché à se défendre contre un sentiment bien légitime d'enthousiasme en présence de tant de chefs-d'œuvre, de tant de ravissantes merveilles; mais qui oserait le condamner? Il s'est rencontré de nos jours des voyageurs moroses, traînant partout leur ennui, faisant des lieues à travers l'Europe pour échapper à cette humeur noire qui les ronge. D'autres ont visité plusieurs contrées avec la résolution prise de tout mépriser : *Nihil admirari*, c'est leur devise.

Nous les plaignons ; et s'ils ont écrit leurs impressions de voyages sous cette influence, nous plaignons encore plus leurs lecteurs. Ils n'aboutiront qu'au désenchantement.

Ah ! l'existence n'a pas besoin d'être déflorée. Aimons, cultivons tout ce qui peut l'ennoblir, tout ce qui élève l'âme, tout ce qui féconde le domaine de l'imagination, même aux dépens des réalités prosaïques de la vie. Comme le disait si éloquemment notre plus grand poète, l'immortel auteur des MARTYRS et de RENÉ : « Laissez « la campagne de Rome avec sa solitude, ses « tombeaux et son *aria cattiva :* qui voudrait y « planter des pommes de terre ? »

A tous ceux qui sentent ce cri, qui le comprennent par le cœur, s'adressent les *Souvenirs de l'Italie*, œuvre d'art et d'intelligence qui a droit aux sympathies des Provinciaux : car elle ouvre dans les Provinces une mine encore vierge.

L'ÉDITEUR,
ALPHONSE RASTOUL.

# SOUVENIRS DE L'ITALIE.

---

## LE DÉPART.

J'éprouvais, depuis long-temps, le désir de visiter l'Italie, ce jardin de l'Europe; mon imagination nourrie des grands souvenirs de cette terre illustrée par l'histoire et la poésie, m'y entraînait sans cesse avec un nouvel enthousiasme ; je brûlais d'admirer les chefs-d'œuvre des arts qui embellissent cette contrée privilégiée, et je pensais avec délices au moment où je pourrais contempler ce ciel d'azur, ces riches horizons, ces grandes lignes, toute cette nature dont Poussin, Guaspre et Claude Lorrain m'avaient révélé la magie. Aussi quelles douces et pénétrantes émotions remplissaient mon cœur à ce mot : Italie, Italie !

Je ne répèterai point ce qu'ont dit tant de voyageurs sur l'aspect qu'offre la route d'Aix à Nice. A Fréjus, où je m'arrêtai, on ne rencontre que quelques débris, faibles indices de l'ancienne splendeur du *Forum Julii*, un temple d'une date incertaine et deux portes, de construction romaine ; l'une d'elles donnait, dit-on, entrée sur l'ancien port. En sortant de cette ville, triste et malsaine, que l'on abandonne sans regret, on commence à gravir les montagnes de l'Estrelle, d'où l'on aperçoit les plus beaux sites ; les piliers d'un aquéduc antique, qui s'élèvent à gauche de la montée, contrastent harmonieusement par leur ton jaunâtre avec la sombre verdure des pins et des chênes-liéges. Une rampe rapide, dessinée par des touffes de myrthe, de lentisque, d'andrachné, conduit au chateau qu'ombragent quelques châtaigniers séculaires. Cet édifice qui ressemble à une modeste ferme, inspire la tristesse. L'œil y est péniblement affecté par de vastes clairières ouvertes dans la forêt par la hache ou plutôt par la torche : comme le prouvent des troncs de pins à moitié calcinés. Les dévastations, ouvrage de l'homme, éveillent des sentiments pénibles ; elles contrarient l'œuvre de Dieu.

Au pied de l'Estrelle se déroule la riante campagne de Grasse, ombragée d'orangers, de citronniers et d'arbustes aux parfums suaves ; sur un monticule qui domine la petite rivière de Siagne, s'élève l'ermitage de Saint-Cassien, délicieuse retraite que l'on ne peut visiter sans envier le sort du solitaire qui l'habite. Je n'osai pourtant lui dire : *le bonheur est ici ;* je craignais qu'il ne répondit : *oui pour ceux qui passent.*

Aux approches de Cannes se révèlent une nature plus puissante, une végétation plus vigoureuse ; en se dirigeant vers la ville, on rencontre avec plaisir d'immenses forêts de pins qui bordent le rivage de la mer ; de distance en distance des clairières ménagent des échappées de vue, et permettent d'entrevoir les navires glissant sur les flots, avec leurs blanches voiles qui se détachent étincelantes sur la verdure des pins.

Cannes, quoique dépourvue de port, possède un quai solide et bien construit ; au sortir de ses murs, je suivais par une belle soirée d'été la route d'Antibes qui tour-à-tour se rapproche et s'éloigne de la mer. Captivé par l'aspect de cette nappe immense qu'argentaient les molles lueurs de la lune, charmé par le murmure des vagues qui venaient mourir à mes pieds, je me livrais à la plus douce rêverie, soudain la voix du conducteur dissipa mon extase en me disant : là, Napoléon débarqua en 1815; et je pensai au drame des cent jours, à son terrible dénouement, Waterloo, derrière lequel s'élevaient menaçantes les roches arides de Sainte-Hélène.

Des tours gracieuses et régulières donnent à Antibes, du côté où j'y entrai, l'aspect d'une élégante citadelle ; son port est fermé par un môle d'une belle construction, autour s'élèvent des arcades circulaires qui, selon la remarque du savant Millin, prêtent au bassin l'apparence d'une naumachie ; comme trace de la place d'armes des Romains, d'*Antinopolis*, je ne remarquai que deux tours antiques, assez bien conservées.

Les environs de Nice se développent de la manière la plus pittoresque, surtout après le passage du Var. Vue de quelque distance, la ville produit sur le voyageur une impression qui s'accroit par l'effet du faubourg de la *Croix de marbre*, dont les maisons peintes à fresque et se détachant sur des massifs d'orangers, ont une physionomie orientale. Des bords du Paillon, on découvre toute la cité avec ses nombreux édifices qui se dessinent sur un fond de collines d'un vert sombre, couvertes d'yeuses et de caroubiers.

Un air pur, un climat ami, une température exempte de variations brusques ont fait de Nice *une espèce de serre pour les santés délicates*, comme l'a si bien dit le président Dupaty. Beaucoup de personnes d'une complexion faible y viennent chercher un remède à leurs maux; les Anglais surtout y affluent; leur douloureux spleen cède bien souvent à l'influence de cette heureuse contrée.

# NICE.

Les quartiers neufs méritent seuls l'attention de l'observateur ; mais ce qu'il ne faut pas oublier, c'est une terrasse, située au bord de la mer, d'où, par un temps serein, on distingue la Corse, malgré une distance de quarante lieues. Sous la terrasse s'élève dans une niche la statue d'une femme héroïque, de Catherine Séguiran qui, au quinzième siècle, se distingua contre les Turks, et contribua par sa valeur à leur faire lever le siége de Nice. Cette statue est aujourd'hui dans un état de dégradation qui entache d'ingratitude le patriotisme niçard.

Nice dont l'ancienneté le dispute à celle de Marseille, et qui mérite aussi le nom de fille de Phocée, fut l'objet des prédilections des Romains, attirés comme les hommes des temps modernes, par la salubrité du climat et les agréments d'une terre favorisée. Néanmoins le peuple-roi y a laissé peu de traces de son passage ; pour les retrouver, il faut aller à une lieue de distance, à Cimiez, où l'on voit un amphitéâtre, un temple, des thermes, qui décoraient jadis l'ancien *Cemelenium*.

Rien de grandiose dans l'architecture des églises de Nice; la cathédrale seule, *Santa Reparata*, est d'un style lourd et surchagé d'ornements, mais digne pourtant de fixer les regards du voyageur. Je suivis dans cette église les offices de la Semaine-Sainte ; je m'attendais à trouver pour l'exécution et la composition des *Oratorio* l'influence du goût italien ; quel fut mon désappointement ! Tout était bizarre, et d'une médiocrité désespérante.

Le principal commerce de Nice consiste dans la vente des Oranges ; et comme elles ne parviennent jamais à une complète maturité, le mot de Dupaty, *Pays d'aigrure*, se trouve justifié. En revanche, les orangers y acquièrent un développement prodigieux; j'en ai remarqué un dans le jardin du comte Lorenti de la grosseur d'un fort pommier, et qui produisait jusqu'à dix mille oranges par an.

En disant adieu à l'aimable Nice, je formai le vœu de revoir cette contrée ; ainsi pour le voyageur l'espoir du retour adoucit les regrets du départ ; mais cet espoir n'est presque toujours qu'une illusion ; surviennent les mécomptes, les obstacles et puis la mort qui empêchent le retour.

Je continuai mon voyage par mer. La côte dans cette partie de l'Italie est riche et verdoyante, elle forme un agréable piédestal aux aspérités de la *Corniche*. Notre félouque passa rapidement devant les villes de Monaco et de Menton ; la nuit nous déroba bientôt l'aspect de ce riant littoral. Tandis que mes compagnons se livraient au sommeil sur des matelas que nous disputions aux insectes de toute espèce qui peuplaient le navire, je contemplais avec délices le spectacle que présentait la mer éclairée par les rayons de la lune. Pour reproduire cette scène, il faudrait le pinceau de Joseph Vernet ou la plume de Chateaubriand. Bientôt des accents aussi purs que mélodieux s'élevèrent du fond de la félouque, c'était la prière de nos marins, presque tous nés à Gênes. Je fus délicieusement surpris de rencontrer chez ces hommes rudes et naïfs l'instinct raisonné de l'harmonie.

Après avoir dépassé San-Remo, une bourrasque nous força de rétrograder pendant 7 à 8 milles, et nous prîmes terre au hameau de Santa Maria dell'Arma, où l'on trouve une chapelle creusée dans le roc, qui fut visitée par le vertueux Pie VII à l'époque du douloureux voyage que ce pape fit en France en 1809.

Le lendemain, nous profitâmes de notre séjour forcé sur cette côte, pour explorer les environs, et visiter la petite ville de Taggia, dont le vallon gracieux et les hauteurs boisées avec leur couronne d'élégantes fabriques, offrent un des plus ravissants aspects de l'Italie.

Nous reprîmes notre navigation par un vent favorable, qui nous fit passer rapidement devant le port Maurice, Diano et Alassio ; nous effleurâmes les côtes d'Albenga et de Finale; la nuit nous empêcha d'admirer la belle position de Savone et de Voltri ; mais nous fumes bien dédommagés en contemplant au lever de l'aurore Gênes qui se déployait devant nous dans toute sa magnificence.

# GÊNES.

Vue du côté de la mer, Gênes a quelque chose de ravissant, des voyageurs l'ont même comparée à Naples, mais un peu légèrement ; en entrant dans la ville cette admiration s'affaiblit, au milieu d'une double haie de maisons noirâtres, formant des rues irrégulières. Pour moi, le palais Grimaldi où je descendis, et qui a été transformé en auberge, me parut une sombre prison. Mais à la *Strada nuova*, sur la place *Fontana dell'amore*, en suivant la brillante rue *Balbi*, je retrouvai Gênes *la Superbe*, et je répétai ces mots de Madame de Staël : « *Les riches demeures qui peuplent ces quartiers paraissent bâties tout exprès pour un congrès de rois.*

Les églises rivalisent d'élégance et de beauté avec celles de Rome : telles sont la *Magdelaine*, la *Nunziata*, et *Sainte Marie de Carignan* qui renferme le Saint Sébastien de notre Michel-Ange, de ce Puget qui pouvait dire : *le marbre tremble devant moi*.

La façade de la métropole, *San Lorenzo*, est revêtue d'une marqueterie de marbres noirs et blancs ; sur les portes latérales se trouvent des inscriptions d'une haute antiquité, qui se rapportent à Janus, dont les Génois prétendent tirer leur origine. Il ne vaut pas la peine de réfuter cette erreur. Dans la même église métropolitaine, s'élèvent les tombeaux des Doria, des Spinosa, des Durazzo : monuments plus curieux sous le rapport historique, que sous celui de l'art. La sacristie possède une coupe célèbre, rendue par la France depuis la seconde restauration; c'est le *sacro Catino*, vase d'émeraude trouvé au sac de Césarée par les Croisés, et dans lequel, selon la tradition, notre Seigneur aurait institué le sacrement de l'Eucharistie.

Je visitai l'*Albergo de' Poveri*, monument de la piété et de la munificence de quelques nobles Génois; admirable institution, unique dans le monde, qui renferme plus de deux mille individus des deux sexes, arrachés aux séductions du vice, aux horreurs de la misère, et trouvant dans cet asile le repos d'une existence exempte d'inquiétudes. La première salle contient les statues des principaux bienfaiteurs, de sorte que les pauvres peuvent chaque jour payer à ces images chéries un tribut de reconnaissance et d'amour, et que les noms des Grimaldi, des Adorno, des Palavicini leur sont aussi familiers que sacrés.

Parmi les palais de Gênes qui se recommandent par l'élégance de leur architecture et la richesse des décorations intérieures, il faut signaler la somptueuse habitation de M. J. B. Serra : la renommée a consacré la magnificence d'un salon qui n'a point de rival en Europe, et appelé à juste titre le *Temple du Soleil*. Un architecte parisien, M. de Wailly, a conçu l'idée et donné le plan de ce salon ; la plupart des meubles sortent des manufactures françaises, et les ornements de peinture et de sculpture sont l'ouvrage d'artistes de notre nation, notamment de MM. Callet et Beauvais. Au milieu de tant de merveilles, l'œil est ébloui, les prestiges de la féerie sont réalisés, et loin de chercher à les décrire, je me contenterai de répéter ces vers de François 1er, à l'aspect de la tombe de la belle Laure :

> . . . La louange est toujours réprimée,
> Quand le sujet surmonte le disant.

D'autres motifs d'admiration vous attendent au palais *Brignole*, dit *Palazzo Rosso* : ici le ciseau du sculpteur et le pinceau du peintre le disputent à la magnificence des appartements. Ce palais renferme la plus riche galerie de Gênes. Au milieu de tant de chefs-d'œuvre comment se prononcer ? Il en est un pourtant qui s'empare violemment de l'imagination et des sens ; c'est *Judith tranchant la tête à Holopherne*, c'est tout le génie de Paul Véronèse. Comme les belles carnations de la veuve juive rendent plus hideux le cadavre noir et sanglant du général assyrien ! On frémit d'horreur; on ne peut croire à une telle puissance d'illusion. Dans la même galerie se trouve un *Christ suant le sang*, par Carlo Dolci, merveilleuse composition dont aucune parole ne reproduit le charme et la suavité.

Il faudrait décrire les palais Durazzo, Balbi, Spinosa, Marcello Durazzo, Carega, etc. ; il faudrait encore décrire l'ancienne habitation du célèbre André Doria ; mais le retour des mêmes images fatiguerait le lecteur. Quant au palais qu'habitait le Doge, où réside aujourd'hui le gouverneur Sarde, il n'offre plus que l'ombre de sa splendeur autrefois tant célébrée.

Gênes ne possède que deux théâtres, celui de *San Agostino* pour l'opéra, et la salle *del Falcone* au palais Marcello Durazzo où l'on joue la *prosa* (la comédie et le drame). Le vaisseau de San Agostino est vaste et bien décoré, on y compte six rangs de loges ; des marches à descendre nuisent à l'aspect de l'entrée. On jouait la *Gazza ladra* de Rossini, ouvrage alors dans sa nouveauté, et que faisait valoir le talent de la *prima donna*, la Signora Albertini ; si bien placée dans le rôle de Ninette, et d'ailleurs parfaitement secondée. Cette soirée m'a laissé de profonds souvenirs. Le ballet qui suivit l'opéra me causa un pénible désenchantement. A l'exception des ballets de Naples et de Milan, les danseurs italiens manquent de noblesse, de grâce et de goût : ils ne réussissent que dans le genre grotesque. Ce qui achevait de détruire tout intérêt, c'est que le ballet alternait avec la *Gazza ladra*, de sorte que l'amalgame produisait une confusion mortelle à tout sentiment d'émotion. Le ballet des *Mineurs valaques* se mêlait aux infortunes de Ninette, étouffant tout l'attendrissement qu'excite le destin de la servante injustement accusée, et faisant précéder et suivre de gambades et de pirouettes, les divers actes de cette œuvre pathétique, si bien empreinte du génie du grand maître.

Les Génois et la plupart des habitants de la Péninsule prétendent que la clarté des lustres nuit à l'effet de l'illumination du théâtre ; aussi leurs salles sont plongées dans une obscurité à laquelle je ne pouvais m'accoutumer. Sur quelques observations de ma part, on me répondit que les jeunes dames avaient prié le gouverneur de rétablir un lustre comme au temps de la domination française ; mais de respectables douairières protégèrent l'obscurité, et firent maintenir le *Statu quo*.

Bâtie en amphithéâtre aux pieds des Apennins et sur une étroite lisière de terrain, Gênes offre peu d'espace à des promenades publiques; elle en compte cependant plusieurs : telle que *l'Aqua sola*, chaussée couverte de gazon et bordée d'ormes décrépits, impuissant abri contre les rayons du soleil, et *l'Aqua verde*, aussi mal ombragée. Les promeneurs se rendent de préférence sur les remparts de la ville, disposés en terrasse, et d'où l'on aperçoit les plus beaux sites.

Les Génois apportent dans les relations de la vie beaucoup d'urbanité et de politesse ; on prétend que sous ces dehors séduisants ils cachent de la finesse ;

mais ces accusations lancées contre un peuple en masse ne doivent être adoptées qu'avec circonspection. Les Dames, dont la mise est très-élégante, ne sortent jamais sans être couvertes du *Mezzaro*, voile blanc qui descend très bas, et sert à la fois la beauté et la laideur.

Sans doute, il y aurait encore beaucoup à dire sur Gênes, sur ses monuments, ses palais, ses collections d'objets d'art qu'un voyageur ne peut examiner qu'en courant. Comme centre commercial, cette ville aurait droit aussi à des observations approfondies, et dans le passé son histoire offre de nobles pages.

# LIVOURNE.

De Gênes à l'embouchure de l'Arno notre navigation fut sans intérêt. Dans ces parages les côtes de l'Italie n'ont rien de pittoresque. Nous doublâmes le cap de *Porto-Venere* en laissant à droite la jolie île de Palmeria, couverte de pins et de cyprès ; et nous traversâmes sans accident le golfe ou plutôt le gouffre de Spezzia. A mesure que nous approchions de la Toscane, les bords de la mer s'embellissaient. Un vent contraire nous força de débarquer à l'embouchure de l'Arno ; de ce point, Livourne avec sa forêt de mats et la perspective des îles de la Gorgone et de Capraia, ressemble à une de ces *marines* comme aimait à les peindre Joseph Vernet.

La route qui conduit à Livourne traverse des champs cultivés ; avant d'atteindre le premier faubourg de la ville, on remarque sur la droite un vaste enclos dont les jardins et les bosquets respirent un calme élyséen. C'est le cimetière des juifs allemands, toujours nombreux à Livourne.

De larges rues, coupées à angles droits et parfaitement alignées annoncent dignement la métropole du commerce italien : car Livourne a recueilli la splendide dépouille de Gênes, de Venise, de Florence, de tous ces anciens centres de commerce, aujourd'hui déchus de leur longue splendeur.

Ne cherchez à Livourne ni élégance ni grandeur dans les divers styles d'architecture ; ne demandez pas non plus à ce bazar européen, des galeries de tableaux et de statues, en revanche on y compte de nombreuses manufactures ; et les relations commerciales tiennent en haleine toute la population, activité bien rare dans la Péninsule.

Le seul objet d'art, digne de quelque attention, est la statue de Ferdinand 1<sup>er</sup>, élevée sur le petit-port ; la statue est en marbre, on voit à ses pieds quatre esclaves enchaînés, en bronze, contraste assez bizarre au premier coup d'œil.

Si les églises de Livourne intéressent peu sous le rapport artistique, l'étranger pourra s'occuper à visiter les temples des divers cultes qui y sont tolérés; parmi ces temples, celui des Grecs schismatiques et la synagogue principale des Juifs sont les plus riches et les plus remarquables.

Rien de vivant et d'animé comme le tableau du port, un des meilleurs et des plus fréquentés de l'Europe ; vingt idiomes différents se croisent et retentissent dans un espace de quelques centaines de toises où se trouvent représentées toutes les nations du monde commercial, et toutes les productions de l'industrie. Des cafés richement décorés ajoutent à la variété de ce tableau auquel se mêlent, comme à Marseille, des bouquetières avec leur étalage de fleurs.

On a vanté bien souvent le cimetière des Anglais à Livourne ; les *Touristes* en parlent avec enthousiasme ;

mais qu'il m'a paru inférieur au cimetière du père La Chaise à Paris ! Excepté quelques tombeaux, d'une construction élégante et ornés avec distinction, il n'offre qu'un petit bosquet de cyprès rabougris, perdus, pour ainsi dire, dans un coin, et du plus mauvais effet. On voudrait y voir ces massifs d'arbres toujours verts qui s'harmonient si bien avec le deuil et la mélancolie des regrets.

Par une de ces transitions bizarres qui se rencontrent dans l'existence d'un voyageur, au sortir du Cimetière j'allai au Théâtre. On y représentait *la Zaïra dell'Illustrissimo signore francese, Voltaire*; mais ce n'était ni une imitation sérieuse, ni même une parodie, dans le genre du *Sultan poli par l'amour*, de Riccoboni et Romagnesi, bluette qui étincelle d'esprit. Il me serait difficile de dire ce qui était plus ridicule de la pièce ou du jeu des acteurs. A la volubilité du débit, à la raideur des gestes, aux attitudes forcées, on pouvait se croire à un théâtre de pantins et de marionnettes. Les habitants de Livourne applaudissaient ; et moi je souffrais péniblement de voir ainsi travesti un des plus beaux ouvrages de Voltaire, celui où il rend un si magnifique hommage à la Religion chrétienne. Je condamne volontiers Orosmane, création fantastique, type idéal qui n'appartient ni aux mœurs de l'Orient, ni aux idées de l'islamisme, mais comment ne pas regretter cet admirable rôle de Lusignan, pleurant sur l'égarement de sa fille plutôt que sur la perte de son trône et de sa liberté! Et Zaïre, la fille chrétienne, et Nérestan, et tout ce reflet de la poésie des croisades mêlée à la majesté de la Bible, à l'onction suave de l'Évangile, où les retrouver?

En général le théâtre italien comprend peu le genre tragique ; l'habitude des rôles bouffons nuit chez les acteurs à la noblesse et à la dignité. Il n'est pas jusqu'à la manière d'annoncer le spectacle qui ne m'ait choqué. On étale un grand tableau représentant une des principales scènes de l'ouvrage qu'on doit jouer. Cet usage me rappela nos petits spectacles ambulants et les ménageries d'animaux ainsi que les cabinets de cire avec leur enseigne-tableau. Il n'y manquait que le paillasse.

Je pensai que ces affiches-monstres jetaient *l'impresario* dans d'assez fortes dépenses, mais j'appris que le répertoire de la saison dramatique ne se composait que d'une ou deux pièces. Les mêmes acteurs jouent tous les genres.

Les environs de Livourne sont gracieux et variés. Aux approches de la colline de Monte-Nero, la campagne est peuplée de maisons de plaisance et de guinguettes où la population se porte en foule pendant les jours de fêtes. Une rampe en pente douce et boisée conduit au monastère de Monte-Nero, situé dans une position ravissante au sommet de la colline, de là on apperçoit la mer et plus loin les îles de Capraia, de la Gorgone, et la Corse ; du côté de la terre, Livourne et Pise, avec leur riche et verdoyant territoire.

L'église du couvent, dédiée à la Sainte Vierge, est d'un bon style d'architecture ; elle se distingue à l'intérieur par une profusion de marbres de la plus grande beauté. Au moment où j'y entrai, les moines vallombrosains qui la desservent, chantaient les offices du soir ; les touches sonores et majestueuses de l'orgue résonnaient sous une main habile ; cette délicieuse harmonie pénétra mon cœur de la plus vive émotion. La musique, comme tous les arts, s'épure et s'agrandit au contact de la religion.

Je quittai ce séjour de paix, ce paradis terrestre, à la clarté mourante du jour ; les chants des moines et les mille voix de l'orgue retentissaient dans mon imagination.

Cinq lieues de distance séparent Livourne de Pise, cinq lieues sur une route charmante qui traverse une plaine remarquable par sa fécondité. On distingue bientôt les édifices de Pise, et cette tour qui penche, emblème de la décadence d'une cité si puissante au moyen-âge, maintenant veuve de son ancienne splendeur.

# PISE.

La fondation de Pise remonte à l'antiquité la plus reculée, quelques historiens l'attribuent aux Etrusques, d'autres à une colonie grecque, fixée dans cette partie de l'Italie, long-temps avant la guerre de Troie. Selon les partisans de cette dernière opinion, les habitants de l'ancienne Pise auraient secondé Enée dans ses guerres du Latium. Mais les divers monuments étrusques dont on voit encore les débris, indiquent les véritables fondateurs de cette cité. Il est positif que Pise s'allia avec les Romains dans le cinquième siècle de Rome.

Après la chûte de l'empire d'Occident, Pise tomba au pouvoir de Totila, et passa ensuite sous la domination des Lombards, peuple sorti de la Scandinavie, et qui, sous les ordres de son roi Alboin, conquit en 569 la ville de Milan, capitale d'un nouvel état appelé la Lombardie. Charlemagne renversa la puissance des successeurs d'Alboin ; Pise dut à ce grand homme la liberté et de nobles priviléges. En 880, la république, dont Pise était la métropole, commence à figurer dans l'histoire, elle acquit bientôt un merveilleux développement de puissance maritime. On connait toute la part que les navires pisans prirent aux croisades, à ces guerres qui contribuèrent d'une manière si active à sa prospérité. Trop heureuse cette ville, si dans le temps où ses marins faisaient flotter avec gloire son pavillon sur des bords lointains, elle n'eut pas été déchirée par des dissensions intestines qui préparaient sa chûte. Rivale de Gênes, dont elle avait été long-temps l'alliée, elle échoua contre cette république dans la bataille navale de la Meloria qui devint le tombeau de sa gloire et de son indépendance.

La défection de l'amiral Ugolino della Gherardesca amena la défaite des Pisans ; ce traître, non content d'avoir lâchement vendu sa patrie, profita de l'abaissement où il l'avait réduite pour l'opprimer et s'ériger en despote. L'archevêque Ruggieri de' Ubadini mit un terme aux crimes d'Ugolin; mais le supplice devait révolter tous les cœurs généreux, et les attendrir sur la victime.

Ruggieri ! Ugolin ! noms immortalisés par la poésie de Dante. Comment oublier ce sublime récit du comte Ugolin, enfermé avec ses quatre fils dans la *Tour de la faim*.

..... « Quand je fus éveillé, avant l'aurore (1),
» j'entendis mes fils qu'on avait emprisonnés avec moi,
» pleurer en dormant encore, et demander du pain.

« .... Mes fils étaient debout : déjà approchait
» l'heure où l'on avait coutume d'apporter notre
» nourriture; chacun de nous était tourmenté de
» noirs pressentiments, funeste effet de notre songe.
« J'entendis fermer à clef les portes de l'horrible
« tour ; je regardai mes enfants sans parler : je ne
« pleurai pas, tant je me sentis en dedans devenir
« tout de pierre. Mes fils pleuraient ; mon jeune
« Anselme me dit: « Pourquoi nous regardes-tu
« ainsi, mon père ? Qu'as-tu donc ?

« Je ne pleurai pas encore, et je ne répondis pas
« tout ce jour et la nuit qui le suivit, jusqu'au len-

---

(1) La Divina Comedia di Dante Alighieri, Poëme de l'Enfer, chant XXXIII, tome 1$^{er}$, pages 209 et 210, traduction de M. Artaud.

« demain, lorsqu'un autre soleil vint éclairer le
« monde. A peine un faible rayon eut-il pénétré dans
« la prison de douleurs que je vis sur la figure de
« mes quatre enfants les propres traits de mon vi-
« sage. De rage, je me mordis les deux mains. Mes
« fils, pensant que la faim me tourmentait, se levè-
« rent et me dirent : « O mon père ! notre douleur
« sera moins affreuse si tu te nourris de nous: tu
« nous as donné ces chairs misérables, eh bien ! tu
« les reprends !... »

« Je m'apaisai alors pour ne pas redoubler leur
« désespoir. Ce jour et le suivant, nous restâmes
« tous dans un morne silence. Ah! terre insensible,
« pourquoi ne t'es-tu pas entr'ouverte ? Nous avions
« atteint le quatrième jour ; Gaddo vint tomber à
« mes pieds, en me disant : *mon père est-ce que tu*
« *ne viens pas à mon secours ?* » et il expira : je vis
« les trois autres s'éteindre, un à un, entre le cin-
« quième et le sixième jour. La vue troublée par
« mon état de faiblesse, je tombai sur eux presque
» sans connaissance, et je les appelai encore deux jours
« après leur mort. La faim eut ensuite plus de pou-
« voir que la douleur. »

Cette épouvantable scène, un mot suffit pour l'évoquer à mes yeux, lorsque mon *cicerone* me montra au-

près de la place des chevaliers de Saint-Etienne les débris de la prison du malheureux comte Ugolin ; ils portent encore le nom de *Torre della fame*. On m'assura qu'il se trouvait à Pise des descendants de cette famille.

Enfin, après avoir été soumise à la domination de quelques petits tyrans, Pise tomba en 1509, à la suite d'un long siége, au pouvoir des Florentins qui l'ont toujours possédée depuis ; sa population s'élevait au temps de ses prospérités à cent cinquante mille âmes ; aujourd'hui sur un espace de plus d'une lieue qu'embrasse l'enceinte de la ville se trouvent disséminés quinze ou dix-huit mille habitants, qui semblent errer dans un désert.

En arrivant sur les bords de l'Arno (*Lung'Arno*) on est surpris de la beauté des quais qui encaissent le fleuve. Les rues sont larges, bien pavées, d'un aspect remarquable ; de l'hôtel où je descendis, la perspective du Lung'Arno me rappela Paris et la Seine au-dessous du Pont au Change.

Le *Dôme* mérite d'être signalé comme un des plus beaux monuments de Pise ; les décorations intérieures répondent à ce luxe d'architecture ; les Pisans y ont entassé les dépouilles recueillies dans les Croisades. Cette église a cinq nefs ; elle renferme avec les meilleures productions des peintres pisans, Melani, Riminaldi, Ghirlandajo, plusieurs tombeaux parmi lesquels on distingue celui de la reine de Majorque, qui mourut étant prisonnière des Pisans. Ils lui firent ériger ce tombeau, moins dans le but d'honorer sa mémoire qu'afin de perpétuer le souvenir de la défaite de cette reine et de la conquête des Iles Baléares.

Dans mon empressement à visiter cette église, je passai trop rapidement devant les portes d'airain, dont les bas-reliefs ont été exécutés sur les dessins de Jean de Bologne. D'après le témoignage d'un auteur pisan contemporain, Alessandro di Morrona, ces bas-reliefs datent de l'année 1600 : ce qui dément les récits qui prétendent que ces portes avaient appartenu au temple de Jérusalem.

La Campanille, qui est à côté de cette église, a donné lieu par son inclinaison singulière à beaucoup de dissertations et de controverses. Les uns n'ont vu dans cette obliquité que l'effet d'un affaissement naturel, occasionné par quelque vice de construction, d'autres et en plus grand nombre ont pensé que l'architecte avait voulu montrer qu'il se jouait des difficultés de son art. Mais l'écrivain Morrona s'est placé entre ces deux opinions qu'il a su concilier par un ingénieux *Mezzo-termine*. Il présume que l'édifice étant parvenu à la hauteur du troisième rang de colonnes, il s'affaissa par le retrait de la partie la moins solide du sol; alors Guillaume d'Inspruck et Bonanno de Pise, qui dirigeaient les travaux, continuèrent les assises de maçonnerie de manière à suivre graduellement cette inclinaison accidentelle. Du reste cette *campanille* en marbre blanc et bleu, se distingue par l'élégance de ses colonnades. On monte au sommet par un escalier très doux ; mais il est difficile à cette hauteur de se défendre d'un sentiment d'effroi. La vue plane sur la ville et sur un vaste panorama.

A peu de distance de la Basilique s'élève le Baptistère qui forme un petit temple séparé, dont la coupole est de la plus grande délicatesse de dessin : on y admire avec la vasque, destinée à l'administration du baptême un pupitre construit en marbres aussi riches que variés.

De là je visitai le *Campo-Santo* ; en entrant dans ce palais de la mort, l'âme est affectée d'une mélancolie profonde ; rien ne saurait y distraire de ces lugubres pensées qu'éveille l'aspect du trépas. L'établissement de ce cimetière ne remonte pas au delà du temps des Croisades, puisque les Pisans, persuadés de la supériorité de ceux de leurs compatriotes qui avaient concouru à la conquête de la Terre-Sainte, et voulant leur réserver une sépulture plus honorable, choisirent cet emplacement qu'ils entourèrent plus tard d'une galerie couverte. Le carré central, ou le *Campo-Santo*, proprement dit, fut rempli jusqu'à une certaine hauteur, avec de la terre apportée de Jérusalem. Dans le principe, cette terre consumait en vingt-quatre heures les cadavres que l'on y déposait.

Après les croisades, le même cimetière reçut les ossements des hommes illustres de Pise; les savants, les artistes, les magistrats y sont aujourd'hui inhumés; mais un mérite supérieur en ouvre seul l'accès, et les Pisans se sont toujours montrés avares de cette faveur. Parmi les monuments que l'affection ou la reconnaissance ont consacrés sous ces sombres arceaux, on distingue le tombeau d'Algarotti, élevé en 1768 par la munificence du grand Frédéric de Prusse.

Les peintures du *Campo-Santo* souffrent beaucoup de l'humidité; là se trouvent des compositions de Buffalmoco, des Orcagna et de Giotto; une des principales fresques représente le *jugement dernier*, elle est d'André Orcagna. Son frère, Bernard Orcagna, pour reproduire l'enfer, a puisé ses inspirations dans le poème de Dante; il a rendu avec une effrayante vérité le tableau du grand Gibelin qui montre le souverain du noir empire *broyant sous ses dents comme sous une meule les malheureux pécheurs.*

Ici comme dans toute l'Italie, les sujets mythologiques coudoient, pour ainsi dire, les productions de l'art chrétien. L'amalgame et l'anachronisme blessent au premier coup-d'œil et surtout dans une enceinte aussi grave qu'un cimetière où l'on est étonné de rencontrer des sarcophages et des bas-reliefs Etrusques, Grecs et Romains. On peut justifier les Pisans en considérant le *Campo-Santo* comme une espèce de musée dans lequel l'histoire de l'art est reproduite sous ses divers aspects. Au fond, l'avantage appartient toujours au christianisme qui, appuyé sur l'immortalité de l'ame, a pu seul comprendre le culte des tombeaux et la poésie de la mort.

Entre ces trois monuments, dont j'ai essayé de donner une idée, se trouvent des terrains incultes où paissent les troupeaux. Cet aspect de la campagne au sein des villes achève de donner à Pise une physionomie spéciale. Quelle différence de Gênes et de Florence! Il n'est pas jusqu'aux palais décorés de ce nom fastueux qui ne soient une dérision par leur état de délabrement.

Malgré la haute antiquité de Pise, on y rencontre peu de souvenirs qui fixent l'attention de l'archéologue. A Caldaccoli auprès du mont Pisan se profilent quelques fragments d'un ancien aqueduc. Vers la porte de Lucques on voit aussi des débris qui portent encore le nom de *bains de Néron.*

Cette solitude, cette tristesse et ces grands souvenirs expliquent l'attraction que Pise exerçait sur lord Byron qui se plaisait à y habiter, et qui nourrissait son génie des inspirations du *Campo-Santo.*

# FLORENCE.

De Pise à Florence une route animée, gracieuse, pittoresque, qui traverse de petites villes, Fornacette, Castel-Bosco, Lastra, dont la population réunit bien-être gaîté. Les nombreuses maisons de plaisance semées dans la campagne annoncent le voisinage de l'ancienne capitale des Médicis. L'entrée de Florence du côté de Pise, ne répond point à ce que l'on a droit d'attendre après l'aspect de la route et des champs ; il faut d'abord traverser des quartiers tristes et misérables, véritable lèpre attachée à toutes les grandes cités; mais la scène change sur les bords de l'Arno, auprès du *Ponte Vecchio*. Là, se développe Florence avec ses grands édifices que dominent à droite des collines verdoyantes, couronnées d'élégantes fabriques.

Le premier soin de l'amant des arts est de courir à la place *del gran Duca*, vaste et irrégulière, mais qui offre, sous le portique, appelé la *Loge*, les meilleures statues de Jean de Bologne, de Donatello et de Benvenuto Cellini. De là, après avoir jeté un regard sur la fontaine construite par Cosme 1$^{er}$, et célébrée par Baldinucci, il se rend au Dôme, (1) *Santa-Maria del Fiore*, montagne de marbre, ainsi que l'a dit Dupaty, dont les proportions gigantesques frappent l'imagination. A l'intérieur, *Santa Maria del Fiore* est moins ornée que d'autres églises de Florence. Elle possède pourtant en fait de sculpture les *Évangélistes* de Donatello, le groupe du maître-autel par Bandinelli, représentant Dieu le père avec la statue du Christ mort à ses pieds; enfin une figure

---

(¹) Duomo, on désigne ainsi en Italie les principales églises, métropolitaines, cathédrales, paroissiales.

de la *piété*, ébauchée par Michel-Ange. Les tableaux ne sont pas du même ordre de beauté, les meilleurs appartiennent au pinceau de Vasari et de Frédéric Zuccheri.

En 1439 s'assembla dans cette métropole un concile pour la réunion des Eglises grecque et latine ; diverses inscriptions y rappellent cette illustre assemblée, à laquelle se trouvaient l'empereur Jean Paléologue, le pape Eugène IV et les plus célèbres docteurs des deux communions. C'est encore dans cette métropole, qui portait alors le nom de *Santa Reparata*, que fut assassiné, le 26 de juillet 1478, Julien de Médicis ; événement dont Alfieri a tiré le sujet d'une de ses meilleures tragédies : la *Congiura de' Pazzi*. Au nombre des tombeaux qui y sont remarqués, figurent ceux de Pierre de Tolède, beau-père de Cosme 1er, du cardinal Corsini, et du philosophe Marsilio Ficino, le traducteur de Platon ; parmi les portraits il faut citer ceux de Dante, de Giotto et de Brunellesco.

Dans le baptistère, situé à peu de distance du Dôme, on admire le tombeau de Jean XXIII qui renonça à la papauté au concile de Constance, et les trois portes en bronze, exécutées par Lorenzo Ghiberti sur les dessins d'Arnolphe di Lupo, portes d'un si beau travail que Michel-Ange disait souvent *qu'elles orneraient le paradis*.

Florence, dont l'origine est des plus anciennes, et qui, au rapport des historiens toscans, possédait comme Rome de magnifiques temples et un vaste amphithéâtre, n'a conservé aucun vestige de ces édifices ; elle doit tout au moyen-âge et aux temps modernes. Les longues dissensions qui ont agité cette ville, l'état d'hostilité où se trouvaient ses principaux habitants ont contribué à lui donner une physionomie qui contraste avec la nature du sol et la beauté du climat. On rencontre à chaque pas les effets des sanglantes luttes qui désolèrent ce pays avant l'époque du gouvernement des Médicis. La trace de ces nobles marchands devenus princes souverains semble se multiplier dans Florence. On la retrouve dans les galeries et les collections d'objets d'art, comme dans les sanctuaires consacrés à la religion. Ainsi, l'église de San Lorenzo a pour son plus bel ornement la chapelle où se trouvent les tombeaux des Médicis. La volonté de Léon X et le génie de Michel-Ange Buonarotti se sont réunis, l'un pour ordonner, l'autre pour exécuter.

Cependant malgré le double prestige de Léon X et de Michel-Ange, le voyageur éclairé visite de préférence l'église de *Santa Croce*, où reposent les hommes les plus illustres de la Toscane. Comme le *Custode* m'arrêtait avec une extrême complaisance auprès des tombeaux de quelques chanoines obscurs, dont il me racontait l'histoire encore plus ignorée, je ne pus m'empêcher de lui adresser le mot de l'empereur Auguste auquel on montrait le sépulcre des Ptolémées au lieu de celui d'Alexandre : — « *Je ne suis pas venu ici pour voir les morts.*

Le *Custode* me conduisit alors au tombeau de Michel-Ange, monument digne de ce grand homme par le talent avec lequel l'ont exécuté ses principaux élèves Giov. dell'Opera, Cioli et Bapt. del Cavaliere. Auprès de ce tombeau on voit ceux de Galilée, de Machiavel et de l'Arétin. Le monument élevé à Alfieri par Canova est digne du poète et du sculpteur.

Mais ce qui inspire une plus vive émotion, c'est l'aspect de la maison de Michel-Ange où l'on trouve encore quelques fragments des immenses travaux qui remplirent cette existence privilégiée. Sur les murs de la cour de cette maison, on lit de nombreuses inscriptions, aucune ne répond à la gloire de cet homme extraordinaire qui fut à la fois sculpteur, architecte, peintre et poète, toujours avec cette supériorité véritable indice du génie, et dont la demeure mériterait d'être consacrée comme le temple des arts.

Ici chaque palais recèle un luxe vraiment royal de statues et de tableaux ; on se lasse à les compter : tant de chefs-d'œuvre accumulés sur un seul point prouvent et la vivacité d'imagination des habitants et le zèle des souverains. Le palais Pitti, situé de l'autre côté de l'Arno, après avoir été construit par un simple particulier, dont il a gardé le nom (*Pitti*) est devenu plus tard la résidence des princes de la Toscane ; d'un style plus massif qu'élégant, il n'a point cependant l'aspect d'une forteresse ou d'une prison comme les autres palais qui, d'après Madame de Staël, *paraissent avoir été bâtis pour la guerre civile*. La façade sur la place offre assez de régularité, mais du côté des jardins, elle est noble et imposante. On prétend que Marie de Médicis fit élever à Paris le Luxembourg sur le plan de ce palais, il faut convenir que la copie a surpassé le modèle.

Les appartements intérieurs sont décorés avec le plus grand luxe ; et les collections de tableaux et de statues qu'ils renferment les font rivaliser avec la galerie Médicis. Quant aux jardins, appelés *Boboli*, quoique dessinés dans le goût et avec la symétrie du genre créé en France par Le Nôtre, la nature du terrain disposé en amphitéâtre, et les aspects qu'ils présentent leur prêtent le charme des contrastes et de la variété.

Je voudrais donner une idée fidèle de la galerie Médicis, de cet admirable Musée, honneur éternel de cette puissante famille qui comprit si noblement le culte des arts. L'histoire de ce musée s'identifie en quelque sorte avec celle de la maison de Médicis, presque semblables ont été leurs destinées et leurs vicissitudes respectives. Maîtres du pouvoir, ces princes consacrèrent leurs soins et leurs trésors à accroître sans cesse cette précieuse collection qui compte tant de chefs-d'œuvre; lorsqu'ils furent vaincus, elle devint la proie d'hommes avides et barbares qui, mus par un sordide intérêt comme par un sentiment de haine pour le nom de Médicis, firent vendre aux enchères publiques la plupart des objets qu'avaient recueillis avec tant de peine et de frais Cosme *le père de la patrie*, et Laurent le *magnifique*. Cet affreux vandalisme eut lieu pendant les revers qu'éprouva Pierre, fils de ce dernier prince. Mais Alexandre 1er, duc de Florence en 1531, s'occupa de rassembler tous ces trésors dispersés, et commença de les classer dans l'ordre où on les voit aujourd'hui.

Le vestibule qui précède la galerie, renferme les bustes de tous les princes qui ont enrichi ce vaste dépôt ; Dupaty nous représente ingénieusement les Médicis réunis dans cette enceinte pour y recevoir les étrangers, et les introduire dans ce temple des arts, dont ils furent les créateurs.

Le langage des hommes n'a pas d'artifices capables de reproduire les caractères divers qu'ont revêtus le marbre et le bronze, dociles aux inspirations du génie. La toile aussi s'est animée sous le pinceau créateur des plus grands maîtres de l'Italie, dignes rivaux de l'art antique. Au milieu de tant de merveilles l'œil est comme ébloui, l'âme succombe au poids de l'admiration; on a besoin de se reposer dans le cabinet des *Gemme*, qui contient les plus riches produits du règne minéral.

Les jardins de Boboli et les allées voisines du palais des *Cascines*, voilà les principales promenades de Florence ; le palais des *Cascines*, situé sur les bords de l'Arno est entouré d'une épaisse forêt où le Grand-Duc se livre au plaisir de la chasse ; c'est le bois de Boulogne de la capitale de la Toscane ; et pendant la belle saison, on y rencontre de nombreux et brillants équipages. Les dehors de la porte de *San Gallo*, avec son arc de triomphe, sa pelouse ombragée d'ormeaux et les beaux sites qui l'environnent, sont encore fréquentés par les promeneurs.

Sur le premier théâtre, nommé *della Pergola*, on représente la tragédie, l'opéra *seria*, et le ballet qui n'est guère préférable à ceux de Gênes. Vaste et régulière, la salle est ornée de peintures brillantes de fraîcheur; les décors et les rideaux (il y en a deux) méritent d'être signalés.

Je vis jouer au théâtre de la Pergola *Clotilde de Coscia,* ouvrage où se trouvait parfaitement placée Madame Esther Mombelli, cantatrice formée à la meilleure école. Avec cet opéra alternait le ballet de *la vengeance d'Ulysse*, composition médiocre, fort mal exécutée. Le théâtre neuf est destiné à l'opéra *buffa* ; celui del *Cocomero* à la comédie ; et à la petite salle du faubourg (Borg'Onisanti) on ne joue que des farces ; aussi le peuple seul le fréquente.

Le mode d'affiches pour annoncer le spectacle est presque aussi bizarre que celui employé à Livourne. Des placards collés sur des tablettes en bois sont suspendus transversalement dans la rue du Cours, et voltigent au gré des vents. Les noms eux-mêmes des théâtres, la Treille, le Concombre, la Pastèque, ne sont guère plus artistiques ; il est vrai que par l'euphonie de la langue italienne, la trivialité de ces dénominations s'embellit.

La grande Ecole Toscane ne s'est pas prolongée de

nos jours ; mais pourtant Florence n'a pas entièrement perdu le sceptre des arts ; de nobles traditions ont subsisté sur ce sol qui vit éclore tant de chefs-d'œuvre, et ces traditions servent de liens entre le passé et le présent. Au nombre des artistes qui entretiennent le feu sacré, se trouve le professeur Benvenuti, qui rappelle la manière du Guide dans sa belle composition de *l'embrasement de Troie*, et dans un *trait de la vie de Napoléon*. Le premier de ces tableaux décore le palais Corsini, le second est à la *casa* Mossi; tous les deux sont justement admirés. On cite également parmi les soutiens de l'Ecole contemporaine M. Ermine, qui néglige la peinture pour se livrer à toute la suavité d'un crayon plein de *morbidesse*, et le sculpteur Ricci, talent élevé qui fait copier par ses élèves les ouvrages de Canova, quoique bien digne par lui-même de leur fournir des modèles.

A ces noms, il faut joindre celui d'un artiste français, M. Fabre, de Montpellier, qui représente honorablement notre école à Florence, et qui, depuis lors, a doté sa ville natale d'un musée digne d'un roi.

De tous les arts la musique est celui que Florence contemporaine cultive avec le plus de succès. Je fus surtout satisfait des offices religieux célébrés dans les églises, et principalement d'un service qui eut lieu à Saint Gaétan pour un personnage de haute distinction. Mais, il faut le dire, le style me parut plus mondain que religieux. Ce n'était que *rondo*, *fugues* et *polonaises* brillantes et gracieuses qui contrastaient avec la sainteté du lieu et la gravité du sujet. Au moment de l'absoute, le *tenor* chanta un *presto* des plus vifs ; je ne pus m'empêcher de manifester ma surprise, et de regretter l'abandon des œuvres des Palestrina, des Jomelli pour une musique si peu en rapport avec sa destination. On me répondit que, quelques sublimes que fussent les œuvres de ces maîtres, le goût du public les considérait comme surannées, et qu'il fallait se conformer à la mode du jour.

Les femmes se font remarquer à Florence par leurs graces et leur amabilité ; elles brillent dans les *conversazioni* par des connaissances variées en littérature qui ne nuisent point à la vivacité de leur esprit, étincelant de saillies. Les *contadines* rivalisent avec les dames de la ville ; rien de gracieux comme leur costume qui leur donne l'aspect de bergères, ainsi que les représentent les idylles.

Florence a conservé sa suprématie sur le reste de la péninsule en fait de philologie ; son académie *della*

*Crusca* fait loi pour la langue italienne. L'influence de cette supériorité s'étend aux classes les plus pauvres de la société. Il n'est pas rare de rencontrer dans les rues, sur les places publiques, des ouvriers, des cultivateurs, dissertant sur les mérites et les défauts de tel ou tel poète, dont ils savent de mémoire les plus belles productions ; leurs opinions en musique, en peinture, en sculpture se révèlent avec la même finesse de tact et d'aperçus.

Une faculté spéciale, départie aux habitants de cet heureux climat, et que le caractère de leur langue semble interdire aux Français, c'est l'improvisation poétique. L'étranger est agréablement charmé lorsque dans une maison où il a été invité, à l'issue du diner, il voit un jeune homme ou une demoiselle, préluder sur le premier instrument venu, et sans efforts, sans réflexion, improviser des sonnets, des odes, où quelquefois éclate un véritable talent, toujours une facilité gracieuse.

Mais que sont ces essais à côté des grandes créations de Sgricci, jetant d'un seul jet une tragédie, conduisant une action, y semant à pleines mains la poésie, et réalisant en une heure ce qui demande des années de travaux et de méditation !

Les environs de Florence ressemblent à un véritable Eden, en les parcourant on n'est plus étonné du nom de *Ville des fleurs*. On ne peut se lasser d'admirer ces côteaux aux molles inclinaisons, avec leurs nombreuses *villas* qui, suivant l'expression d'Arioste, paraissent *engendrées par le sol, et sorties de la terre comme des plantes*.

Parmi ces délicieuses habitations, il faut visiter à une lieu de la porte San-Gallo la *villa-coreggi* ou le *campo-reggio*, ancienne résidence de Laurent *le magnifique*, on y voit encore quelques restes des jardins que ce prince y avait fait dessiner dans le goût de ceux de l'Académie à Athènes. Le château de *Pratolino* qui est situé à peu de distance présente un aspect ravissant ; il appartient presque au domaine des romanciers ; enfin les *villas di Castello, Pétraja*, et *Quiete* donnent à tous les voyageurs le désir de s'y fixer. Comme le *Lotus* dont parle le vieil Homère, elles feraient presque oublier les souvenirs de la patrie.

En dehors de la porte romaine, s'élève le *poggio imperiale* ; on y arrive par une allée charmante, décorée des statues de Dante et de Pétrarque qui, à l'exemple des poètes de la Grèce et de Rome, venaient dans ce lieu lire leurs vers au peuple.

On aime cet hommage rendu au génie là où son souvenir est encore vivant, où il semble se mêler à tous les objets qui vous environnent. Et puis ces statues contribuent à l'éducation des masses ; elles les familiarisent avec les grands hommes qui ont honoré la patrie, elles prouvent la reconnaissance de la postérité, elles peuvent exciter une émulation féconde. En Italie, les gloires littéraires ne sont pas seulement connues de quelques hommes d'élite.

La maison du *Poggio* est à l'extérieur d'une noble simplicité ; mais à l'intérieur elle est décorée avec une magnificence rare. L'autel de la chapelle est formé de blocs de *Lapis-Lazuli* et d'autres pierres précieuses.

Le grand Léopold préférant l'utile à l'agréable avait consacré à l'agriculture presque toutes les terres du *Poggio*. Il n'y a qu'un petit jardin d'agrément, terminé par un bosquet d'arbres verts.

# ROUTE DE FLORENCE

# A ROME.

Pour le voyageur comme pour les habitants, l'existence est si douce, si facile à Florence que l'on ne peut s'en arracher sans une émotion pénible. Il en est ainsi de tous les pays où fleurit le sentiment poétique, où le prestige des arts vient jeter ses magiques reflets sur tous les détails de l'existence sociale et individuelle. Heureuse contrée! où la nature semble donner à l'homme une perpétuelle fête, où peintres et sculpteurs ont rivalisé avec cette nature en lui empruntant ses trésors, où les classes populaires ont de l'élégance dans l'imagination, et cet instinct qui comprend le beau, qui le perçoit sous toutes les formes, sous tous les aspects, dans les octaves de Tasse, comme dans le marbre docile sous la main de Michel-Ange, comme sur la toile animée par Raphaël ou Corrège.

Telles étaient les pensées qui m'occupaient pendant que je traversais trop rapidement ces belles campagnes dont les sites et les habitants offrent la plus heureuse harmonie.

Sienne, selon une judicieuse observation, ne se montre parfaitement qu'au voyageur qui arrive de Rome; celui qui vient de Florence ne l'aperçoit qu'au moment d'y entrer. L'avenue sur ce point est plantée d'arbres de haute-futaie, luxe agricole, assez rare en Italie, et que les Français se sont efforcé d'y naturaliser.

Cette ville, autrefois puissante, a partagé le sort et les vicissitudes de Pise. Siége d'une république,

4

long-temps respectée, elle finit par dépendre des Florentins à l'époque des conventions passées entre le roi d'Espagne Philippe II, et le Grand-duc Cosme 1$^{er}$.

Quelques palais se distinguent par des tours d'une grande élévation qui, pendant la guerre civile, servaient de lieu de refuge et d'observation. L'Hôtel-de-ville, construit dans le style gothique, réunissait autrefois dans la même enceinte, le siége de l'autorité municipale, un théâtre et des prisons. Cette anomalie n'existe plus. La place de l'Hôtel-de-Ville est disposée en forme de coquille, ce qui permet de la remplir d'eau à volonté ; on présume qu'elle fut d'abord destinée à des naumachies. Au fait Sienne est de la plus haute antiquité, elle dispute à Albe, sans doute avec plus d'orgueil que de fondement, le titre de berceau de Romulus.

La cathédrale de Sienne, un des plus beaux monuments gothiques de l'Italie, étonne l'imagination, même après les églises de Gênes et de Florence. L'intérieur est revêtu de marbre blanc et noir; d'admirables mosaïques dignes rivales de celles du vatican contribuent en outre à décorer cette basilique.

En quittant Sienne, le voyageur entre, pour ainsi dire, dans une nouvelle contrée. Là commencent ces campagnes arides et désolées, dont les mélancoliques aspects préparent si bien l'âme à l'impression que produit Rome, cette *Niobé des Nations*. Dans ces campagnes on reconnait à la pâleur d'une population rare et disséminée les effets de *l'aria cattiva*, de ce poison lent qui mine et détruit l'existence.

Le bourg de San Quirico avec ses riches vergers d'oliviers rompt l'uniformité de ce deuil. Plus loin, on trouve vers Poderina, des étuves sulfureuses, nommées je ne sais par quel motif *bagni avignoni*, et après Ricorzi les bains de Saint Julien. En gravissant la montée de Radicofani, la tristesse de la campagne frappe encore plus vivement ; on y voit de nombreuses traces d'anciens volcans aujourd'hui éteints. A cause de son élévation de 600 toises au-dessus du niveau de la mer, il règne à Radicofani un air vif et froid, dangereux pour les voyageurs qui ne doivent pas le respirer sans précaution.

Une espèce de précipice conduit de ce lieu à Ponte-Centino, premier pays des états romains. Ici la scène change ; le vallon de Ponte-Centino que termine le torrent della Paglia, est un élisée en comparaison des contrées désolées que l'on vient d'explorer. De là, on arrive à Aquapendente, par une rampe bordée d'arbustes. L'intérieur de cette petite ville avec ses deux mille habitants et son siége épiscopal n'offre que des rues étroites, tortueuses, des maisons noires et mal bâties. L'influence du mauvais air s'y fait sentir, et donne à la population une teinte livide.

Aux approches de San-Lorenzo, joli village construit dans le goût moderne auprès du lac de Bolsena, la campagne s'anime et s'embellit. En descendant vers ce vaste et riant bassin, on aperçoit à gauche sur une hauteur la petite ville de Montefiascone; en face l'île historique de Martana, et plus loin sur le continent la cité de Canino, capitale de la modeste principauté de Lucien Bonaparte.

Tout se mêle à la fois en Italie, les souvenirs des temps antiques et les grandeurs éclipsées des temps modernes.

Vient ensuite la ville de Bolsena, la population d'environ dix-huit cents âmes jouit d'une meilleure santé que les habitants d'Aquapendente. Une inscription pompeuse, gravée sur la principale porte, annonce que Bolsena est l'ancienne Volsinium, une des premières *Lucumonies* des Etrusques, de ce peuple jadis célèbre et puissant, dont la jalousie exclusive des Romains a effacé la trace. Quelques antiquaires contredisent cette opinion, ils placent Volsinium dans une autre direction, entre Bolsena et Orvieto. Néanmoins les nombreux débris antiques qui abondent dans cette petite ville et dans la campagne, semblent confirmer l'inscription si bien faite pour flatter l'orgueil des habitants.

Parmi ces débris se trouve quelques restes d'un ancien temple dédié à *Narsia*, divinité inconnue, ce peut être la déesse *Nascio*, qui présidait à la naissance des enfants, ou bien *Nascea*, un des surnoms de Minerve. On y remarque aussi des vestiges d'amphithéâtre; des fouilles ont produit de nombreux monuments, entre autres des statues qui ont été transportées à la *villa* Albani à Rome.

La façade de l'église paroissiale est décorée d'ornements étrusques ; cette église est célèbre dans les fastes de la religion par le miracle qui s'y accomplit au sujet de la présence réelle de Jésus-Christ dans l'Eucharistie, miracle qui amena ensuite l'institution de la Fête-Dieu.

La route de Bolsena à Montefiascone court le long du lac, et en suivant la chaîne de montagnes qui le bordent à gauche, on apperçoit des ruines, appartenant sans doute à l'ancienne Volsinium, ou bien aux maisons de plaisance dispersées dans les environs de cette cité. Plus loin, on rencontre un groupe de prismes basaltiques du plus bel effet, et décrit par le savant Kircher. A peu de distance s'élève un tombeau que Camuleïus fit construire *pour lui et les siens, de son vivant*, comme l'indique l'inscription que l'on lit encore sur ce monument. J'ignore si ce Camuleïus est le même que celui qui figure comme tribun du peuple à Rome, en l'an 310.

Par une rampe longue et rapide on parvient aux hauteurs de Montefiascone, dont la belle position constitue tout l'agrément. Les vins que l'on recueille sur son territoire sont assez estimés, particulièrement les rouges, mais le muscat, désigné par le nom d'*est*, m'a paru bien inférieur à ceux du Languedoc.

L'évêché de Montefiascone a été long-temps occupé par le célèbre Maury, une des plus belles illustrations vauclusiennes.

La plaine que l'on traverse pour aller de Montefiascone à Viterbe, généralement peu fertile et mal cultivée, ressemble beaucoup à la campagne de Rome. Au milieu d'un désert nû, stérile, et qui donne une idée du sol de l'Afrique, se détache un groupe considérable de bâtiments entremêlés de quelques arbres ; c'est Viterbe avec ses jardins et ses vergers.

Cette cité, une des plus considérables des états du pape, est d'origine moderne ; il paraît que sa fondation ne remonte pas au-delà de Didier, roi des Lombards ; aussi n'a-t-elle point de monuments à étaler. Des rues spacieuses pavées en larges dalles de lave, des fontaines d'une construction élégante, quelques tombeaux de papes ornés de sculptures remarquables, voilà tout ce que peut y voir le voyageur. Mais sur la montagne de Viterbe se trouvent encore quelques vestiges d'une ancienne forêt dont parle Tite-Live, et qui rendait le mont Ciminius plus redouté que les bois sacrés de la Gaule ou de la Germanie.

Que dire de la petite ville de Ronciglione, située auprès du lac de Vico ? Je n'y ai vu que des monceaux de ruines, une population misérable, des rues désertes ou traversées par une nuée de mendiants au teint hâve qui viennent assiéger les voyageurs de leurs importunités.

A Monterosi, au contraire, la nature dédommage d'avance le voyageur des grands et tristes aspects de la campagne romaine. De frais ombrages, des vignes entrelacées, un petit lac dont l'insalubrité se déguise sous des touffes de fleurs et de verdure, tels sont les principaux agréments de ce bourg de cinq cents âmes, du reste fort mal bâti.

Un Français qui a visité Paris, et qui, à trente lieues de distance, a pu contempler le mouvement de concentration qui précipite sans repos vers Paris tant de milliers d'individus, de voitures et de chevaux, celui-là est tout étonné de se trouver aux portes de Rome, et rien ne lui a dit : Voilà l'ancienne reine du monde païen, la cité à laquelle semblent toujours attachées les destinées de l'humanité.

L'air de Monterosi est encore plus dangereux peut-être que celui de Ronciglione; cette insalubrité résulte surtout du voisinage du lac. Enfin de Baccano on peut saluer Rome qu'annonce au loin la coupole de l'église de Saint Pierre.

Les hommes de la condition la plus obscure ont en Italie l'intelligence des monuments du passé, des chefs-d'œuvre des poètes, c'est quelque chose de remarquable que ces *ciceroni* populaires vous rappelant un grand fait historique, évoquant un nom illustre, du doigt désignant quelque champ de bataille célèbre, ou signalant les beautés d'un édifice justement admiré. Une langue souple, riche, harmonieuse, leur fournit des expressions en rapport avec leurs impressions; et sous le charme de ces paroles sonores, de ces descriptions toujours un peu ambitieuses, auxquelles s'unit une pantomime animée, se révèle toute la puissance, toute l'énergie de cette nature du midi. Mais au-dessus des débris de l'antiquité et des chants des poètes, il y a un sujet de conversation qui excite en Italie les sympathies les plus vives chez les classes populaires. Ce sont les aventures et les hardies tentatives de ces hordes de brigands que l'on rencontre trop souvent dans ces belles contrées, et dont l'existence est en quelque sorte secondée par la proximité de plusieurs petits états, manquant ensemble d'unité et d'action centrale.

Ce reflet de poésie qui colore la vie du brigand explique la présence des bandes qui désolent une partie de l'Italie, notamment les Etats-Romains : chez les masses, nulle répulsion, aucun sentiment de mépris ou de haine. Au contraire, on raconte à la veillée leurs entreprises, on en fait presque des héros. Il fallait voir notre *vetturino* nous montrant les poteaux plantés au bord de la route, et nous racontant les hauts faits des bandits dont les ossements y étaient accrochés. — *Questo braccio* disait-il, *era d'un valent'uomo, d'un signore disinvolto e di molto genio. Ecco la gamba del voloroso ed infelice capitano A..., uffiziale molto perito nel suo mestiere !*

Ce bras appartenait à un galant homme, à un monsieur très délié et d'un grand génie. Voici la jambe du vaillant et infortuné capitaine A..., officier très habile dans sa profession.

Il faut le dire, les efforts constants du gouvernement romain tendent de jour en jour à faire disparaître cette lèpre; bientôt les brigands italiens n'existeront plus que dans les récits des romanciers ou sur les toiles animées par le pinceau de Schnetz ; mais le peuple gardera long-temps leur souvenir. Ce peuple à imagination ardente, aime ce mouvement, cette animation, ces périls qui ont fait des bandits un type remarquable.

A la *Storta*, l'horizon s'agrandit, de cette maison isolée, on distingue les principaux édifices de Rome, entremêlés de jardins et de bosquets, ensemble délicieux qui, du haut de ce plateau, contraste avec l'océan de poussière et de sable dont on est entouré.

En descendant de la Storta, le premier monument que l'on rencontre a été long-temps l'objet des malédictions des voyageurs ; ce monument passait pour le tombeau de Néron, et à ce nom s'éveillaient des sentiments de haine et d'indignation. Mais, ces sentiments ont été dépensés en pure perte. Ce n'est point Néron qui repose dans ce tombeau ; une inscription conservée signale les noms de Publius Vibius Marianus et de Reginia Massima, sa femme.

A mesure que l'on approche, les dimensions du tableau prennent un caractère de grandeur et de beauté, dont il est difficile de donner une idée ; à droite, le *Monte-Mario*, ombragé d'oliviers et de cyprès ; à gauche, d'autres collines pittoresques; en face sur un grand fossé d'eau courante qui s'appelle le Tibre, le fameux pont Emilius, aujourd'hui *Ponte-Molle*. Le cœur se serre; le désenchantement vous saisit, vous étreint de toutes parts ; mais l'admiration renaîtra. Rome est la ville des constrastes.

# ROME.

Me voici aux pieds de l'obélisque de Rhamsès, de ce monument qu'un jour, dans les caprices de sa puissante volonté, Rome enleva aux sables de l'Egypte, et qui vint décorer la capitale du monde.

Rien d'étrange comme les divers jugements portés

sur Rome par les nombreux voyageurs qui l'ont visitée, et qui la visitent. Rien de bizarre comme ces opinions qui varient depuis l'admiration la plus enthousiaste, jusqu'à l'indifférence la plus glacée, jusqu'au dédain le plus superbe. L'un arrive, l'imagination encore imprégnée des récits des historiens et des chants des poètes, il apporte dans son bagage, son étroite érudition de collége, et le voilà disposé à tout approuver, à tout admirer, à tout adorer. Il s'agenouille devant une brique rougeâtre, devant un brin d'herbe; et son enthousiasme de convention néglige tout ce qui ne date pas de deux mille ans. D'autres voyageurs au contraire ont pris l'antiquité en haine, et ils renouvelleraient presque les horribles dévastations commises par les hordes d'Alaric et d'Attila.

Mais Rome a de quoi enivrer ses partisans et condamner au silence ses adversaires ; il faut l'étudier ; il faut pénétrer dans le secret de ses beautés. Alors tous les instants révèlent une nouvelle merveille, alors le passé renaît ; on s'élève au-dessus du présent ; on se console des douleurs les plus cruelles en présence de cette ville, théâtre de tant de révolutions, et qui a eu le bonheur d'échanger la Louve de Romulus, l'aigle des Césars contre la croix du salut, contre le divin étendart des Chrétiens.

De l'obélisque de Rhamsès, on voit se développer avec grace la rue du Cours, à l'entrée de laquelle s'élèvent deux églises symétriques; deux autres rues latérales à celle du cours contribuent également à donner la plus favorable opinion de la disposition de la ville moderne.

Mais peu de mouvement, point de magasins, rien qui indique ces relations actives, faciles des grandes cités. En revanche, pour se rendre à la Douane, on traverse une place que domine la colonne de Marc-Aurèle, vulgairement appelée *Antonine*. Au défaut des contemporains, les souvenirs du passé vous font cortége. C'est là une des plus puissantes séductions de Rome.

L'enceinte actuelle est la même que celle tracée par l'empereur Aurélien qui ajouta à l'étendue de la ville le champ de Mars avec les monts Testaccio et Pincio; le pape Léon IV y réunit ensuite le Mont Vatican et ses alentours, quartier qui, en mémoire de ce pontife, a gardé le nom de *cité Léonine*. Les remparts, ayant été considérablement endommagés pendant les invasions des Barbares, les généraux de Justinien les rétablirent avec des briques, des pierres et d'autres matériaux, de manière à présenter une continuelle bigarrure. Le circuit de Rome est de seize milles environ ; dans cet espace se trouvent des jardins, des vignes, des prairies ; aussi la ville proprement dite n'occupe en réalité que la moitié de cette superficie.

En comparant cette étendue avec celle de Paris qui est beaucoup plus considérable, on a de la peine à concevoir que Rome ait pu renfermer sept millions d'habitants comme l'indiquent positivement les historiens sous le règne de l'empereur Claude ; mais les mêmes témoignages englobent dans sa population celle des faubourgs qui étaient nombreux, et se prolongeaient d'ailleurs du côté des portes *Esquilena* et *Capena* jusqu'auprès de la ville d'Albano, c'est-à-dire à une distance d'environ seize milles. On voit encore sur un terrain appelé *Roma-Vecchia* à cinq milles de la porte *Saint-Jean* un amas de débris qui attestent l'existence d'une ancienne ville ; les antiquaires affirment d'un commun accord que ces débris appartenaient au *Pagus Lemonius*, un des principaux faubourgs de Rome, spécialement habité par les agriculteurs.

La ville moderne est divisée comme l'ancienne en quatorze régions ou quartiers qui, sous le rapport des noms et des circonscriptions diffèrent entièrement de la Rome des temps antiques : il serait à désirer que l'on eut conservé les anciennes dénominations qui aideraient si puissamment aux recherches historiques en éveillant si bien tout le prestige des souvenirs.

Le berceau primitif de Rome, le mont Palatin, où s'éleva jadis l'humble toit de l'Arcadien Evandre, centre de la vieille cité de Romulus, est aujourd'hui le quartier le plus désert ; déplorable suite de la décadence des gloires passées et des révolutions du temps.

A cette solitude, à cette tristesse de la ville intérieure correspond l'aspect de la campagne romaine ; point de traces de culture chez les descendants de ce peuple qui ne connaissait que le soc du laboureur et le fer du guerrier. Au lieu des promenades, des cours, des terrasses qui embellissent l'extérieur des grandes villes, Rome ne présente que des plaines nues, parsemées de débris.

Le même aspect de désolation attend le voyageur au *Forum*, dans ce lieu si justement célèbre où semble retentir encore la voix de Cicéron, ou se débattaient de si grands intérêts ; le sol en est jonché de décombres, au milieu desquels poussent des plantes que viennent paître quelques vaches. Le palais des Césars est métamorphosé en couvent ; le Capitole, dont le nom seul inspire un sentiment de respect et d'effroi, n'a conservé de son ancienne splendeur que la statue de Marc-Aurèle. Aux lieux où les consuls siégaient sur la chaise curule, entourés des faisceaux des licteurs, où les empereurs recevaient les hommages de l'armée, on ne voit que des monceaux de ruines et des groupes de mendiants.

Si l'aspect de la ville a entièrement changé, si la plupart des édifices qui en couvraient la surface, ont croulé sous les outrages réunis des Barbares et du temps, combien est plus grande encore la révolution opérée dans les mœurs du peuple. Quel contraste entre les Romains des anciens jours, et les *Italiens de Rome moderne*, ainsi que les nommait un écrivain du dix-huitième siècle. A la place de cette nation ardente et belliqueuse qui ne respirait que pour les jeux sanglants de la guerre, dont l'ambition se trouvait à l'étroit dans les limites du monde, on ne trouve qu'une population amie du repos, sans enthousiasme militaire, et ne demandant que les jouissances du *far niente*. Ne rien faire, une halte continuelle dans l'existence, un sommeil sans rêves, voilà ses vœux. Ce sont encore les mêmes traits, la même coupe de visage, le même éclat dans le regard; il est tel homme du peuple moderne qui, avec ses misérables vêtements, rappelle la majesté du citoyen antique, devant lequel s'humiliaient les rois ; eh bien ! cette ressemblance, cette analogie purement physique va rarement jusqu'à l'âme et à la direction des idées.

Néanmoins, dans ces hommes trop légèrement observés par les voyageurs, qui presque toujours les calomnient, il y a quelque chose du passé qui vit et fermente. La vieille empreinte de Romulus et de César n'est pas tellement effacée qu'il n'en reste quelques vestiges. C'est une médaille fruste, rouillée, où l'habile archéologue retrouve encore de précieux indices qui servent ensuite à l'historien pour renouer la chaîne des temps.

En général, les jugements que l'on porte sur une population, après une étude de quelques mois, ou de quelques jours, en général ces jugements sont un tissu d'erreurs et de préventions. D'avance, le voyageur a son opinion, son système; il a lu les récits de ceux qui l'ont devancé, selon la nature de son caractère, ou il reproduit, ou il contredit; s'il reproduit, peu lui importent les nuances, les oppositions, les contrastes. Bon gré, malgré, il faut que les événements et les individus, les monuments des arts et les aspects du sol se plient et s'arrangent dans ce lit de Procuste que l'on désigne sous le nom de Journal de Voyage. Au contraire, s'il attaque l'opinion de ses devanciers, tout lui sert d'arme et d'instrument ; il se refusera même à l'évidence. Dans le premier cas, il passe un constant niveau, dans le second il ressemble aux Vandales ou aux bandes noires.

Mieux vaut l'admiration franche et naïve qui s'égare sur les aîles de l'enthousiasme ; du moins elle ne rapetisse pas les géants à la taille des pygmées, elle sympathise avec la véritable grandeur, et si elle se trompe, c'est de bonne foi.

Parmi les monuments antiques qui ont échappé à la destruction, figure en première ligne le colysée, masse gigantesque, devant laquelle Lord Byron s'écriait, sous le voile transparent de Childe Harold : « Ici des nations (1) retentit la rumeur confuse, qui éclatait en murmures de pitié ou en applaudissements bruyants, lorsqu'un homme était tué par un autre homme, son compagnon. Et pourquoi, était-il égorgé ? Pourquoi ? Mais parce que c'étaient les lois naturelles du Cirque sanglant, et le bon plaisir impérial. — Pourquoi non ? — Qu'importe où nous succombions

(1) *Childe Harold*, chant IV<sup>e</sup>, traduction de M. Paulin Paris.

pour être la pâture des vers, sur des champs de bataille ou dans un cirque? Ce ne sont également que deux théâtres où pourrissent les principaux acteurs.

« Je vois devant moi le gladiateur étendu sur l'arène; il repose sa tête sur sa main;—Son mâle regard consent à mourir, mais il déguise son agonie ; et sa tête penchée s'affaisse graduellement ; — Les dernières gouttes de son sang, qui sort lentement de sa rouge blessure, tombent épaisses, et une à une, de son flanc, comme les premières gouttes d'une pluie d'orage ; mais déjà l'arène tournait autour de lui ; — il succombe avant qu'aient cessé les acclamations barbares qui applaudissent son misérable vainqueur.

Il les a entendues, mais il ne s'en est point ému. — Ses yeux étaient avec son cœur, bien loin du cirque. Il se souciait peu de la vie qu'il perdait sans gloire ; mais où s'élevait sa hutte sauvage sur les rives du Danube, *c'est là* que se portait sa pensée, *c'est là* que ses jeunes enfants barbares se livraient aux jeux de leur âge ; *c'est là* qu'était leur mère de la Dacie. — Lui leur père, était égorgé pour une fête romaine ! Toutes ses pensées se précipitent avec son sang. — Expirera-t-il sans être vengé ? Levez-vous peuples de Goths ! et venez assouvir votre implacable fureur.

« Mais ici où le meurtre respirait sa vapeur sanglante ; ici où les nations en mouvement se pressaient, se heurtaient dans toutes les issues, et mugissaient ou murmuraient comme un torrent qui se précipite des montagnes, brisant et renversant tout sur son passage ; ici, où le blâme ou l'applaudissement d'un million de Romains étaient le signal de la vie ou de la mort, selon les fantaisies de la foule, ma voix seule se fait entendre, — et les pâles rayons des étoiles descendent sur l'arène déserte, — sur les gradins brisés, — les murs écroulés, et les galeries où mes pas semblent des échos étrangement retentissants.

» Une ruine, — cependant quelle ruine ! De ses murailles massives, on a construit des palais, des moitiés de villes ; toutefois vous parcourez souvent l'énorme squelette, en vous étonnant de ne pas remarquer les endroits dépouillés. N'a-t-on fait que déblayer ce monument sans le ravager ? Hélas ! examinez-le bien, vous apercevrez ses plaies, quand la forme de ce colosse vous sera entièrement connue, il ne supportera pas la clarté du jour, qui est trop brillant pour tout ce que les siècles et l'homme ont dégradé.

» Mais lorsque la lune commence à parvenir au

sommet de l'arche la plus élevée de ce monument, et qu'elle semble s'y reposer avec amour; lorsque les astres scintillent à travers les ouvertures que le temps a produites, et que la fraîche brise de la nuit agite dans l'air la forêt de verdure qui tapisse les murs grisâtres, comme les lauriers sur la tête chauve du premier César, quand la lumière adoucie brille sans éblouir, alors les ombres des morts se lèvent dans ce cercle magique : des héros ont foulé cette enceinte ; — c'est sur leur poussière que vous marchez. »

# ROUTE DE ROME

# A NAPLES.

———————

Je suis l'ordre de mon voyage ; car ceci n'est pas un récit ambitieux, tracé dans le repos du cabinet ; ce n'est pas une relation faite avec des livres, un écho de ceux qui avant moi ont foulé les débris de la cité des Scipions.

Au bout de huit jours de résidence à Rome, je partis pour Naples, diverses circonstance décidèrent ce départ ; mais je devais bientôt revenir à Rome ; y passer une année entière pendant laquelle j'ai pu explorer la ville antique et la ville moderne, que j'avais à peine entrevue.

L'ancienne route de Rome à Naples portait le nom de *voie appienne* ; on la prenait à la porte Capène remplacée aujourd'hui par celle de Saint-Jean située plus loin à cause de l'extension des constructions modernes sur ce point. Le chemin actuel se rattache de temps en temps au système des voies appienne et campanienne, courant alors à travers une double haie de débris antiques et de tombeaux, dont les Romains aimaient à border leurs routes.

Les délicieux aspects d'Albano et des campagnes environnantes rappellent au voyageur les inspirations que cette belle nature fournit au pinceau des Poussin, des Guaspre et des Claude Lorrain qui savent si bien en reproduire les harmonies. Albano s'élève dans une riante position ; avant d'y arriver on remarque sur la gauche un tombeau qui a beaucoup exercé la sagacité des archéologues. L'opinion vulgaire dit que dans ce monument reposaient les cendres d'Ascagne, du fils d'Enée; mais il est impossible de concilier avec cette haute antiquité le style d'architecture de ce tombeau qui ne peut dater de quatre siècles avant la fondation de Rome.

On peut encore évoquer une autre considération; Ascagne ayant bâti la ville d'Albe, ne devait pas être enseveli à une aussi grande distance de cette cité, dont ce tombeau est séparé par un espace d'environ trois milles. Enfin le savant Nibby a soutenu que les cendres de Pompée avaient été déposées dans ce monument; le voisinage de la *villa albana* qui appartenait à ce grand capitaine, donnerait quelque fondement à cette opinion, soutenue d'ailleurs avec beaucoup d'habileté par son auteur.

La route de Naples rend la petite ville d'Albano assez animée; et le voyageur s'y arrête avec plaisir pour voir le lac et les différents objets dignes de son attention dispersés dans la campagne. Les femmes d'Albano, généralement remarquables par la beauté et la fraîcheur de leur teint, se distinguent encore par un costume assez singulier qui a fourni d'heureux effets au peintre Pinelli, l'Horace Vernet de Rome.

En sortant d'Albano, et avant d'arriver à l'église della Stella, on rencontre le monument connu sous le nom de *tombeau des Horaces et des Curiaces*, mais qui renferma plutôt les restes d'Aruns, fils de Porsenna ; puisque, d'après le récit de Tite-Live, les champions d'Albe et de Rome furent ensevelis séparément dans l'arène où ils avaient combattu, et chacun à la place où il tomba.

Or le théâtre du combat qui décida du sort d'Albe, n'était situé qu'à cinq milles de Rome, auprès des *fosses cluiliennes ;* et ce tombeau, qui ressemble beaucoup à celui de Porsenna que l'on voyait à Clusium, dut recevoir les dépouilles de son fils, tué au siége d'Aricie.

Les environs d'Aricie sont toujours explorés par de nombreux peintres de paysage qui viennent à l'envi, dans le parc du prince Chigi, en étudier les belles masses d'arbres, et reproduire ces horizons suaves, ces lointains veloutés, que peuvent seuls offrir les paysages de Rome.

D'Aricie à Genzano on suit une route ombragée d'où se développent les plus riants aspects, principalement du côté du Latium maritime ; parfois dans ce trajet on retrouve les débris d'anciennes cités jadis célèbres. Une avenue dite *l'olmata* conduit à Genzano dont les rues sont assez bien percées, et la campagne fertile et animée.

Du palais Cesarini ou bien du couvent des Capucins, qui en sont les principaux édifices, la vue se repose sur le lac de Nemi, dont les dimensions sont moindres que celles du lac d'Albano, et formé comme ce dernier par le cratère d'un ancien volcan. On le nommait autrefois le *miroir de Diane*, à cause de la transparence de ses eaux.

Le territoire de Genzano peut s'appeler la Bourgogne des Etats Romains; le vin qu'il produit abreuve les descendants de Lucullus et d'Apicius. Mais si le Falerne tant vanté ne valait pas mieux, il faudrait plaindre Horace d'avoir célébré une aussi triste boisson, sans doute, le temps et le défaut de savants procédés de culture ont causé cette infériorité des vignobles modernes. Il n'y a que le sentiment national qui puisse expliquer l'orgueil avec lequel les Romains offrent ce vin au dessert; assurément, il est préférable aux autres vins de leur territoire, mais qu'il paraît fade à un gourmet français.

Le coup d'œil que présente la route de Genzano à Velletri continue d'être intéressant, mais les sinuosités de la route servent quelquefois aux bandits pour accomplir leurs projets et arrêter les voitures. Ici, le trajet commence à devenir dangereux. Le voyageur plonge toujours du regard sur le Latium dont les souvenirs occupent ses pensées, et le transportent au milieu des récits de la Fable qui, grace à l'influence, au prestige des lieux, semblent autant de réalités. Il distingue en passant les ruines de Lanuvium sur lesquelles s'élève aujourd'hui le petit bourg de civitta Lavinia, et plus loin quelques débris rappellent l'emplacement qu'occupait Lavinium. Dans la même plaine se trouvent les restes d'Ardée, de Laurentum, et de plusieurs autres villes, immortalisées par les chants de Virgile. En vain les siècles s'amoncèlent sur ces débris, leurs noms dureront autant que les vers du cygne de Mantoue.

La ville de Velletri, généralement mal construite et mal percée, n'intéresse que par sa position au pied du mont-Artemisio et par l'antiquité de son origine, c'est la *Velitræ* des Volsques, une des principales cités de cette confédération de peuples que Rome eut tant de peine à soumettre, et qui, un instant favorisée par le génie de Coriolan, menaça le Capitole, d'une entière destruction.

Il est difficile d'exprimer l'émotion qui saisit le cœur lorsque l'on foule le sol où s'élevaient autrefois ces villes qui jouèrent un si grand rôle dans les destinées du monde antique ; de ce qui concerne les annales romaines rien ne peut nous être indifférent. L'histoire, la poésie, la législation et les arts s'unissent à l'envi pour établir cette filiation qu'aucun peuple moderne ne voudrait répudier sous peine de se déshériter.

Du reste, Velletri ne possède aucun vestige de l'ancienne cité Volsque. Après cette ville, on quitte les côteaux ombragés que l'on suit depuis Albano, et l'on entre dans de vastes plaines désertes qui précèdent les Marais-Pontins, dont la funeste influence se révèle dès Cisterna, bourg de deux mille âmes, que certains auteurs croient être le lieu désigné dans les actes des apôtres sous le nom de *tres tabernæ*. Cette opinion est contestée: car d'autres antiquaires placent à huit milles plus loin ces *trois tavernes* où les chrétiens de Rome vinrent à la rencontre de saint Paul. La route devient ensuite d'une grande monotonie, seulement vers la mer, de vastes forêts bordent la côte; ces bois fourmillent de gibier, et sont très fréquentés par les étrangers, amateurs de la chasse, qui viennent passer l'hiver à Rome.

A Torre dé tre ponti, commencent les marais-pontins, proprement dits, ils embrassent une étendue de terrain d'environ vingt-quatre milles de longueur, et sept ou huit milles de largeur. Les bâtiments de Torre ainsi que le couvent des capucins qui est auprès, ont été abandonnés depuis long-temps à cause du mauvais air. Le pape Braschi dont le nom se place honorablement à côté de ceux d'Appius Claudius, d'Octavien-Auguste, de Cecilius Decius, et autres illustres personnages qui s'occupèrent avec plus ou moins de succès du désséchement de ces marais, le pape Braschi s'était flatté d'assainir la contrée et de la rendre habitable ; dans ce but furent entrepris divers travaux qui tendaient à faire écouler les eaux stagnantes. Espérant une entière réussite, il ordonna de construire la maison et le couvent, dont j'ai parlé plus haut. Mais les malheureux capucins qui vinrent y résider, furent décimés par les fièvres pernicieuses, qui règnent dans ces lieux. Ils obtinrent la permission de quitter ce séjour dangereux ; et cette triste expérience montra la difficulté qu'offrait l'assainissement de ces plaines.

Il n'y a pas de tableau plus extraordinaire que l'aspect des marais-pontins ; cette plaine immense et déserte, bordée de loin en loin par d'épaisses forêts, compose un paysage, dont le caractère respire une profonde tristesse. Ces lieux aujourd'hui désolés et solitaires étaient très peuplés au temps de la puissance de Rome; on y comptait alors une vingtaine de villes, parmi lesquelles figuraient en première ligne, *Pomptina* ou *Pometia*, *forum Appii*, *Pipernum*,

*Sulmonia*, et *Setia*. Quelques unes de ces villes existent encore, mais sous d'autres dénominations, mais ce ne sont plus que de misérables villages. La plupart ont disparu ainsi que les nombreuses maisons de plaisance qui s'élevaient dans cette contrée, et qu'affectionnaient particulièrement les Romains. La route passe sur une chaussée ombragée d'ormeaux dont la verdure contraste avec la stérilité du paysage, ou plutôt du désert qui l'encadre.

Aux relais de Mesa et de Ponte-Maggiore même aridité, même monotonie. Le voyageur, fatigué de ce spectacle de deuil et de désolation appelle de ses vœux une atmosphère au sein de laquelle il puisse au moins respirer sans danger ; des postillons au teint livide, viennent lui défendre de dormir sous peine de mort, dans cette région dévastée ; leur aspect parle plus éloquemment que leurs recommadations. Toutefois le danger que l'on y court paraît empreint d'exagération. Il est permis de le croire d'après le grand nombre de voyageurs qui l'ont bravé impunément, même au plus fort de l'été. Il parait que la facheuse influence ne se fait sentir qu'à la suite d'un séjour prolongé ; et qu'un préjugé populaire exploite les craintes des voyageurs, sans trop de motifs. Ces champs, dangereux pour l'homme, sont au contraire, très favorables aux animaux; ils nourrissent les jolis chevaux barbes que l'on voit figurer à Rome dans les courses du carnaval, si heureusement reproduites par Carle Vernet. Dans les mêmes marécages s'élèvent des buffles et d'énormes bœufs qui servent à l'approvisionnement de la capitale des États du Saint-Siége.

L'agrément de la situation de Terracine et les avantages d'une atmosphère plus salubre dédommagent le voyageur en lui faisant oublier l'impression pénible qu'excitent toujours des lieux désolés, surtout lorsque l'on pense que cette contrée fut jadis florissante, et que seule l'incurie des peuples modernes s'est ravi cette vaste étendue de terrain.

L'ancienne cité d'*Anxur*, une des plus considérables de la confédération volsque s'élevait jadis sur la montagne même qu'occupe la partie haute de Terracine, où l'on en retrouve encore des vestiges, entr'autres ceux de la façade du temple de *Jupiter Anxurus*, mentionné par Virgile. Ces débris consistent en quelques colonnes cannelées, du plus grand diamètre connu. La douceur du climat d'Anxur y attirait dans les temps antiques, beaucoup de Romains qui venaient y passer l'été ; plusieurs familles sénatoriales y possédaient des maisons de plaisance. Il est facile d'en distinguer les restes. On voit aussi quelques grottes creusées dans le roc, qui, d'après l'opinion généralement répandue dans le pays, dépendaient du palais que Galba avait fait construire sur cette colline.

Les voyageurs ne doivent pas négliger de grimper ici jusqu'aux ruines du château de Théodoric, moins dans le but d'en examiner les débris, que pour admirer la belle vue que l'on découvre de ce point. Par un temps serein, on distingue même la fumée du Vésuve, malgré la distance où il se trouve; je n'ai pu en juger à cause de la direction du vent et des nuages qui voilaient l'horizon du côté de Naples; mais j'ai aperçu à l'ouest de Terracine le *Monte-Circello* où, suivant le récit des poètes, la magicienne Circé retint Ulysse et changea ses compagnons en pourceaux. Ce cap formait autrefois une île, dans laquelle Circé était encore honorée au temps de Cicéron.

L'auberge où je descendis, a été bâtie par ordre du pape Pie VI, c'est un édifice élégant, bien situé auprès de la mer et de l'ancien port d'Anxur qui n'existe plus aujourd'hui, mais cette *locanda* offre peu de ressources; on désirerait moins de luxe de construction, et plus de ce *comfortable* qui recommande notre civilisation moderne.

6

En sortant de Terracine, la route longe pendant quelque temps la montagne où s'élevait le château de Théodoric ; elle conduit ensuite à une tour qui forme les limites du territoire romain et napolitain, comme l'indique son nom : *Torre de' confini*. On la désigne aussi par le nom de *Torre dell' Epitafio*, ce qui est d'assez mauvais augure pour les voyageurs qui vont traverser les campagnes de Fondi et d'Itri, le passage le plus dangereux de la route. Vient ensuite *Portello*, premier poste occupé par les Napolitains.

On approche bientôt du joli lac de Fondi que l'on prendrait de loin pour un canal à cause de sa configuration oblongue ; les bords en sont peu salubres, et cette insalubrité que l'on attribue au manque d'écoulement de ses eaux, se fait sentir dans les environs. En été le séjour de Fondi est très mal sain.

Les voyageurs et particulièrement les dames éprouvent quelques craintes aux approches de Fondi et d'Itri, lieux auxquels de nombreuses arrestations ont donné une triste célébrité. Les corps de garde que l'on rencontre de distance en distance sur la route renferment trop peu de soldats pour inspirer une sécurité réelle. D'ailleurs ces soldats, pour la plupart maladifs, paraissent hors d'état de faire un service actif contre les brigands. J'ajouterai encore que plusieurs de ces militaires chargés de la défense des voyageurs ont des mines aussi suspectes que les héros de grand chemin qui désolent le royaume de Naples : la chronique prétend même qu'au besoin ils sont les compères de ce derniers. Sans doute il y a de l'exagération dans de pareils rapports ; cependant pour ne pas effrayer les personnes qui voudraient visiter la riante Parthénope, je leur dirai que l'on arrêtait rarement les voitures publiques ainsi que le *courrier* ; les efforts des bandits se tournaient sur de meilleures proies, les voitures particulières où se trouvaient de riches voyageurs. On assure qu'à l'égard de ceux-ci, dès qu'ils arrivent en Italie, leur présence est signalée aux voleurs, par des espions qui résident dans les principales villes de la Péninsule.

Ces espions avertissent leurs correspondants de l'itinéraire de l'opulent voyageur ; une puissance occulte l'enveloppe comme d'un imperceptible réseau, il avance sans crainte ; et au jour fixé, au lieu désigné, il se voit attaqué par une bande de brigands qui l'attendaient depuis quelque temps, et qui avaient été avisés de toutes les démarches de leur proie.

Je le répète, il y a là beaucoup d'exagération, la

crédulité a trop complaisamment adopté les récits que des personnes alarmées ou amies du merveilleux se sont plu à répandre. Depuis quelques années surtout la route de Rome à Naples n'offre presque plus de périls. La race des bandits se perd ; des mesures de police actives, l'emploi de troupes d'élite et les progrès de la civilisation tendent de jour en jour à faire disparaître cette lèpre qui désolait ces belles contrées. Les peintres et les romanciers s'en plaignent; mais les voyageurs y gagnent en sécurité ce que les artistes perdent en inspirations. Il y a plus que compensation.

La petite ville de Fondi occupe l'emplacement d'une ancienne cité des *Aurunci*, mais elle n'a rien conservé qui atteste son origine ; on y voit seulement une partie considérable de la voie appienne, laquelle forme la principale rue. Au couvent des Dominicains de Fondi, on montre la cellule de Saint Thomas ainsi que la salle où ce docteur professait la Théologie.

La comtesse Julie de Gonzague, une des plus belles personnes de l'Italie, tenait sa cour à Fondi; le fameux corsaire Coradin Barberousse vint pour l'enlever en 1534 ; son projet était de l'offrir au Sultan ; il débarqua sur la côte, mais la comtesse avertie à temps se sauva à demie vêtue, par les montagnes ;

les Turks irrités massacrèrent les habitants, et incendièrent Fondi. La cathédrale de cette ville possède un tableau où cet événement est représenté.

De Fondi à Itri la route est toujours variée, mais la campagne paraît moins fertile. Sur la montagne que l'on gravit avant d'arriver à Itri, l'auteur du poème de la *Navigation* trouva la mort en 1812. Les chevaux de M. Esménard entraînés par la pente roulèrent jusqu'au bas de la montée ; la voiture fut mise en pièces ; et l'opération du trépan, quoique pratiquée bientôt après la chûte, ne put sauver le poète.

Itri est encore sur la voie appienne; quelques auteurs prétendent que ce village a remplacé l'ancienne cité *Mamurrarum*, dont parle Horace, opinion qui paraît en quelque sorte justifiée par la présence de restes considérables d'un mur d'architecture cyclopéenne que l'on y remarque.

D'Itri à Mola-di-Gaeta la campagne offre un aspect enchanteur; à chaque pas l'œil se repose sur des massifs de myrtes et de lentisques du plus gracieux effet ; mais bientôt des pensées plus graves naissent dans l'âme du voyageur au pied d'une tour antique, décorée d'un nom qui ne souffre point d'indifférence: c'est le tombeau de Cicéron.

Élévation du caractère, entraînement de l'éloquence, pureté du patriotisme, merveilleuse aptitude aux recherches austères de la philosophie, tout ce qui ajoute à l'éclat de la vertu, tout ce qui donne la gloire, Cicéron le réunissait. Et pourtant ni son génie, ni de grands services rendus, ni le titre si justement mérité de père de la patrie ne purent le sauver du glaive des proscriptions. C'est dans ces lieux, c'est là qu'il fut lâchement assassiné par Herennius et Popilius Lœna ; le grand homme tendit sa tête aux meurtriers ; Octave l'avait abandonné aux vengeances d'Antoine. Après tant de siècles, cette tragédie semble encore se dérouler sous mes regards, le prestige des lieux me rend presque la réalité de cette scène de deuil. On croit voir étinceler le glaive qui va trancher cette noble tête et ces mains pures de toute rapine, épouvantables trophées que Marc-Antoine fera clouer à la tribune aux harangues, par un de ces raffinements de cruauté qu'il est impossible de caractériser.

En pensant à toutes les circonstances de ce meurtre aux lieux même qui en furent le théâtre, devant ce tombeau auquel le peuple a attaché le nom de l'orateur romain, je me rappelai involontairement ces paroles de Pline-*l'ancien*, dont je devais bientôt retrouver auprès de Naples la trace mêlée aussi à des

souvenirs de mort et de deuil........ « Que cé-
« lébrer en toi, ô Cicéron, comme le signe distinctif
« de ta gloire ? Ah ! sans doute, il suffira d'attester
« cet hommage flatteur qu'un peuple entier, qu'un
« peuple tel que celui de Rome rendit à tes sublimes
« talents et de choisir dans toute la suite d'une si belle
« vie les seules actions qui signalèrent ton consulat.
« Tu parles, et les tribus romaines renoncent à la loi
« agraire, à cette loi qui leur assurait les premiers
« besoins de la vie. Tu conseilles, elles pardonnent à
« Roscius, auteur de la loi qui réglait les rangs au
« spectacle, et consentent à une distinction injurieuse
« pour elles. Tu persuades, et les enfants des pros-
« crits se condamnent eux-mêmes à ne plus préten-
« dre aux honneurs. Catilina fuit devant ton génie;
« c'est toi qui proscris Marc-Antoine.

« Reçois mon hommage, ô toi qui le premier fus
« nommé Père de la Patrie, toi qui le premier méri-
« tas le triomphe sans quitter la toge, et le premier
« obtins les lauriers de la victoire avec les seules ar-
« mes de la parole ; toi le père de l'éloquence et des
« lettres latines ; toi enfin, pour me servir des ex-
« pressions de César, autrefois ton ennemi, toi qui
« remportas le plus beau de tous les triomphes, puis-
« qu'il est plus glorieux d'avoir étendu pour les Ro-

« mains les limites du génie que d'avoir reculé les
« bornes de leur empire. »

A la suite du tombeau de Cicéron, on remarque un chemin qui va du côté de Gaëte, il conduisait jadis à la *Villa Forminiana*, qui appartenait à ce grand homme, et occupait l'emplacement appelé aujourd'hui *Castellana* ; on s'y rend par le même sentier. C'est donc à tort que la belle auberge située à l'entrée de Mola revendique l'honneur de s'élever sur les débris de cette illustre habitation, comme l'indique son enseigne avec cette inscription : *Alla villa di Cicerone*.

Voilà un des plus grands charmes d'un voyage en Italie ; ces évocations du passé colorent le présent, font naître de profondes méditations, et détachent en relief les scènes historiques, auxquelles on croit assister malgré leur date reculée, malgré les siècles qui nous en séparent.

La Méditerranée, vue de Mola de Gaëte forme un tableau des plus gracieux, terminé d'un côté par un promontoire, de l'autre, par les îles d'Ischia et de Procida ; Mola, d'après l'opinion la plus répandue, est bâtie sur les ruines de *Formiæ* qu'habitèrent successivement les Lestrigons et les Lucaniens. S'il faut en croire les poètes ; le premier de ces peuples était antropophage ; Homère, dans l'Odyssée, les représente comme ayant dévoré les compagnons d'Ulysse.

En sortant de Mola, la campagne est presque dépourvue d'agréments jusqu'au Garigliano, le *Liris* des anciens. Avant d'arriver sur les bords de ce fleuve, on aperçoit à droite de la route et à quelque distance les restes de la célèbre Minturne; les terrains humides et couverts de joncs qui entourent ces débris témoignent assez que ce sol n'a point changé de nature depuis Marius. L'illusion est complète. Là se réfugia ce grand homme, poursuivi par ses adversaires ; là son caractère inflexible put se livrer aux sombres méditations qu'il devait retrouver plus tard sur les ruines de Carthage. Malgré ses cruautés, malgré ses épouvantables proscriptions, Marius est une des plus imposantes physionomies des temps antiques et modernes. Ce fils de paysan, revêtu sept fois du consulat, a sauvé l'avenir de la civilisation en écrasant dans les Gaules les Ambro-Teutons, et en Italie les Cimbres leurs terribles alliés. Les Barbares du Nord se sont rué sur le Midi et l'occident cinq siècles après; mais alors le christianisme suffisait pour arrêter leurs flots débordés, pour conquérir les vainqueurs de l'empire romain.

A l'aspect des marais de Minturne, l'imagination

du voyageur suit le grand homme du milieu de ces joncs et de ces roseaux jusqu'à la maison de *Fannia*, elle entend encore cette voix puissante désarmant le meurtrier par ces seuls mots : Cimbre, oserais-tu immoler Marius ?

Sans doute c'est dans ces lieux, sous l'influence de ces souvenirs prestigieux que Drouais conçut la pensée de son admirable tableau. Et le nom de Drouais, la rapidité de sa carrière où il empreignit des traces si profondes, achèvent de jeter sur ce paysage comme une ombre mélancolique.

Après le passage du Garigliano où un Français peut éveiller bien des noms sympathiques, depuis Bayard jusqu'à Championnet, il faut s'arrêter un instant pour admirer la délicieuse position de l'auberge de Sainte-Agathe, qui avoisine la jolie ville de Sessa, autrefois la *Saessa Auruncorum* des Volsques. Sessa s'élève sur un fond riche et boisé. Ensuite la route est assez monotone jusqu'à Capoue où l'on arrive après avoir traversé un petit fleuve, le Volturne.

De ses anciennes délices, Capoue n'a conservé que la beauté de son ciel et la douceur de son climat ; mais, quoiqu'en aient dit les historiens, ces délices tant vantées furent impuissantes contre Annibal.

La haine contre Rome était la religion du héros

carthaginois ; son père lui avait fait jurer dans son enfance de venger Carthage, de ne respirer que pour humilier la superbe ville de Romulus, tous les instants de son existence furent consacrés à accomplir ce serment. A dater de son entrée dans Capoue, Annibal se maintint encore pendant plusieurs années sur le sol de l'Italie. Les Gaulois de la circumpadane l'avaient abandonné, satisfaits des dépouilles recueillies aux champs de Thrasimène et de Cannes, ils étaient retournés dans leurs foyers; Carthage ne lui envoyait aucun secours, dominée qu'elle était par une faction jalouse de la gloire du grand capitaine ; les peuples de la Campanie ne lui offraient que de douteux auxiliaires, et pourtant il résista à toutes les forces de la République et de ses nombreux alliés ; certes où est l'effet des délices de Capoue devant une pareille lutte ?

Au reste, la ville antique se trouvait à deux milles plus loin que la cité moderne, auprès du château royal de Caserte.

Deux heures suffisent pour visiter ce que Capoue renferme de curieux : la cathédrale décorée de tableaux de Solimène et de plusieurs morceaux du cavalier Bernini; l'église della *nunziata* que l'on croit bâtie sur l'emplacement d'un temple situé hors de l'enceinte de l'ancienne ville ; cette église se distingue par l'élégance de son architecture d'ordre Corinthien et par ses ornements intérieurs.

Le pays que l'on parcourt ensuite de Capoue à Aversa, et de cette dernière ville à Naples, disparait trop rapidement aux regards du voyageur qui regrette de ne pouvoir admirer à loisir ces belles contrées. Les rameaux de vignes enlacées aux grands arbres qui bordent la route se dessinent en festons comme dans la Toscane ; on dirait autant d'arches triomphales de verdure préparées pour le passage d'un puissant monarque.

En quittant Aversa, on pressent le voisinage d'une grande capitale, dont la rumeur sourde se distingue à quatre milles de distance : et à mesure que l'on approche, tout semble justifier ce cri de l'enthousiasme : *veder Napoli, poi morir!* Voir Naples et mourir !

# NAPLES.

Il n'y a peut-être au monde rien de comparable à la vue de Naples et de sa riche campagne. Quelque prévenu que soit le voyageur de la beauté du tableau, il doit avouer que la réalité se trouve bien supérieure à tout ce qu'avait pu rêver son imagination. En effet la variété des objets, l'heureuse réunion des contrastes les plus piquants, la magie de la lumière, l'aspect imposant du Vésuve qui se détache altier au milieu de cet horizon à souhait, la mer qui le termine, les villas, les kiosques, les bosquets semés à profusion sur une côte délicieuse qui borde le paysage et lui sert de premier plan, tout concourt à l'enchantement de ce spectacle qui n'a point de rivaux.

La rue de Tolède, longue et belle, ne l'emporte peut-être pas en activité, en mouvement sur la rue Saint-Honoré à Paris, comme quelques voyageurs l'ont prétendu, mais elle mérite d'être mise en parallèle. Ses palais d'une architecture régulière contribuent à charmer les regards qui se détournent de cette foule de *Lazzaroni*, dont les vêtements en lambeaux inspirent des idées pénibles. On sait que cette classe d'hommes très nombreuse à Naples n'a ni foyers, ni famille, nulle prévoyance. Un portique les abrite pendant la nuit ; une poignée de *macaroni* suffit à leurs repas ; dès qu'ils se sont assuré la nourriture de la journée, ils se livrent aux délices du *farniente* ; tout travail régulier et suivi leur répugne, leur est odieux. Cependant Murat, dans son règne éphémère, était parvenu à créer aux *Lazzaroni* des occupations agricoles et industrielles, il s'était efforcé de les arracher à cette dangereuse existence, dégagée du souvenir de la veille, de la pensée du lendemain; il serait parvenu à en faire des citoyens utiles; depuis sa chûte, ils ont ressaisi leurs anciennes habitudes. Peut-être est-ce une conséquence du climat. Peut-être le lazzarone est-il plus heureux que les ouvriers, entassés dans nos ateliers, et dont le nombre toujours croissant ainsi que les privations éveillent la sollicitude de tous les amis de l'humanité ?

Le lendemain de mon arrivée à Naples, je visitai la *villa reale* et le quartier de *Chiaja* où résident principalement les étrangers. C'est ce quartier enchanté qui a inspiré à un poète napolitain ce vers où il compare Chiaja à un morceau du paradis, tombé du ciel sur la terre. *Il Pezzo del cielo caduto in terra.* On pourrait se demander si les habitants du ciel ont suivi cette portion du paradis dans sa chûte.

La *villa reale* est le rendez-vous de la belle société; elle y vient dans les soirées d'été, lorsque la brise rafraîchit l'atmosphère, embrasée dans le jour par les rayons d'un soleil méridional.

En suivant le quai de Chiaja on arrive à une double voie, l'une, celle de gauche conduit au quai de Mergellina, l'autre, de droite, à la grotte de Pausilippe, également célèbre par les récits des historiens et les fictions des romanciers. Cette cavité dont l'entrée est tout-à-fait extraordinaire, paraît d'une bien haute antiquité, si l'on partage l'opinion qui en attribue l'exécution aux premiers habitants de Cumes. Il est vraisemblable que ceux-ci, ou bien les citoyens de Parthénope et de Paléopolis, après avoir creusé la colline pour s'y pourvoir de matériaux de construction, eurent l'idée de profiter de cette excavation et d'ouvrir une communication plus directe et plus facile entre leurs villes respectives.

La galerie est bien digne d'inspirer le génie des romanciers ; l'on conçoit aussi que Madame Anne Radcliffe et notre compatriote Montjoye l'aient utilisée dans leurs ouvrages. Ce lieu prête aux aventures les plus étranges. Mais sans craindre de voir apparaitre Schedoni s'écriant : *n'allez point à la villa Altieri, la mort vous y attend!* ou d'y entendre le coup de sifflet des brigands que Montjoye a placés dans son roman sur *le mont Pausilippe*, les explorateurs doivent être attentifs à éviter les voitures et les chevaux qui s'y croisent continuellement, et dont le bruit à une certaine distance, complète le caractère bizarre de cette cavité.

Au dessus même de la grotte, et parmi quelques arbustes s'élève un monument antique, presque entièment ruiné, mais qui commande puissamment l'intérêt, c'est le tombeau de Virgile. L'identité en paraît prouvée par le témoignage du grammairien Œlius Donatus qui florissait trois siècles après le chantre d'Enée. Il affirme que les cendres du poëte furent transportées à Naples par ordre de l'empereur Auguste, et déposées sur la route de cette ville à Pouzzoles, *intra lapidem secundum*, entre le second et le troisième mille en partant de Naples, par conséquent sur les hauteurs du Pausilippe, où passait alors cette voie.

Ce récit, confirmé par le témoignage de Stace qui place la sépulture de Virgile dans le même lieu, ainsi que les inscriptions trouvées sur ce monument, ne laissent aucun doute à cet égard.

Ce tombeau se conserva, dit-on, jusqu'en 1326, mais il est bien dégradé aujourd'hui; le sarcophage en a disparu; et l'on n'a pu retrouver cet objet dans les diverses collections d'antiquités qui existent à Naples. Le jardinier, auquel appartient le terrain sur lequel s'élève ce monument, montre complaisamment aux étrangers le laurier qu'on y planta sous Auguste; avec une bonhomie de conviction tout-à-fait risible, il s'efforce d'en démontrer l'identité, mais cet arbre a cela de commun avec le *grand lama* qu'il ne meurt

7

jamais, grâce aux soins que prennent de père en fils les maîtres du lieu, empressés de substituer un jeune plan à l'ancien qui dépérit.

Au reste, toutes les superstitions qui se rapportent à un grand homme ont quelque chose de sympathique dont il est difficile de se défendre. Et je compris l'enthousiasme du poète qui en face de ce monument s'écria :

O Virgile ! ma voix dans ces lieux retirés
Ose évoquer ton ombre et tes mânes sacrés ;
Dis-moi, qui te dicta ces douces géorgiques,
Ces détails enchanteurs de nos travaux rustiques
Que ta voix convertit en sublimes leçons ?
On te croyait le dieu des vergers, des moissons,
Tout-à-coup, entonnant la trompette guerrière,
Tu chantas Ilion, sa gloire et sa misère,
Hector pâle et sanglant, couvert d'affreux lambeaux,
    S'élançant du fond des tombeaux,
Pour prédire des siens l'immortelle infortune.
    Jouets des vents et de Neptune
Les enfants de Priam, chargés de saints débris,
    Ballottés sur les mers profondes,
    Retrouvant au-delà des ondes
D'autres bords plus heureux par le destin promis.
O qui te révéla ces mortelles alarmes

Dont la mère d'un brave honore son trépas ?
La plaintive Didon, en de brûlants climats,
Terminant par la mort son amour et ses larmes ?
Euryale et Nisus, tombant dans les combats,
    Victimes d'un nœud plein de charmes ?
Ces sentiments si purs, ces tableaux si touchants,
    C'est au cœur seul à les comprendre ;
J'en jure par toi-même et par ta noble cendre !
    Mon esprit, digne de t'entendre,
D'aucun barde étranger n'accueillera les chants.
Adieu, cygne divin de la belle Ausonie !
Honneur du nom Romain dans ses jours glorieux !
Toi, le père et le Dieu de l'antique harmonie,
Car jamais Apollon n'exista dans les cieux ;
C'est toi que sous son nom le monde encor révère,
Ton exemple et ta gloire inspirent les beaux vers,
Et les plus illustrés des enfants de la terre
N'ont surpris qu'un rayon de l'immense lumière
    Que tu versas sur l'univers !.....

Je disais.... déployant sa couleur virginale,
L'aurore, de la nuit dissipa les vapeurs ;
Cette urne funéraire où je versais des pleurs,
S'éclaira d'un rayon de l'aube matinale.
Je ne sais quel parfum dans les airs répandu
Surprit mes sens troublés d'une ivresse inconnue ;
    Je sentis dans mon ame émue
Un doux frémissement de gloire et de vertu.

> Tournant les yeux vers le rivage,
> Je vis s'éloigner de la plage
> Un bateau doucement balancé sur les mers.
> J'ignore encor si quelque ami des vers
> Au poète immortel adressait son hommage,
> Mais j'entendis de loin de sublimes concerts,
> Et même, il me sembla, dans mon heureux délire,
> Que s'unissant aux accords d'une lyre,
> Le doux nom de Virgile avait frappé les airs !.....

S'il peut exister quelques doutes sur la véritable situation du tombeau de Virgile, la même incertitude ne règne pas au sujet de celui de Sannazar, que l'on trouve dans l'église de *Sainte-Marie del parto*. Le cardinal Bembo, dans un distique latin plus prétentieux que vrai, a rapproché la gloire de Virgile et de Sannazar, comme le hasard a rapproché leurs dépouilles mortelles, mais aujourd'hui le nom de Sannazar est presque oublié, tandis que chaque année ajoute à la renommée de Virgile. Il n'y a guère que les érudits qui connaissent les ouvrages de Sannazar, ce poète né à Naples en 1458, a laissé beaucoup de vers latins et italiens, mais ses inspirations de seconde main, dans ses Eglogues, sont loin de rivaliser avec les délicieuses compositions où Virgile a ravi la palme à Théocrite.

Le quartier de la Mergellina se distingue comme celui de Chiaja par la beauté de ses amphitéâtres, peuplés de jolis *casino* et de frais bocages. On ne peut se faire une idée du mouvement qui règne jour et nuit sur cette côte, ni de la multiplicité des *corricolo*, ( petite voiture découverte en forme de coquille ) qui s'y succèdent sans cesse. A l'extrémité, on rencontre un palais que le peuple unit au souvenir de la reine Jeanne, et puis le promontoire de *Coroglio* où l'on observe encore une grotte antique, baignée par la mer. Comme Lucullus possédait une *villa* à peu de distance et sur le Pausilippe, il se peut que cette cavité appelée *Gajola* ou bien encore l'*Ecole de Virgile*, ait dépendu de cette habitation dont elle aurait été une *Nymphée* ou salle de bains.

Des viviers dans lesquels Vedius Pollion engraissait des murènes avec la chair de ses esclaves, on voit encore quelques vestiges sur cette éminence ; la maçonnerie offre des couches de ce ciment merveilleux, dont les Romains avaient le secret, et qu'ils employaient d'une manière si heureuse dans la construction des bassins et des réservoirs.

Pour jouir des plus belles vues de Naples, il faut monter au fort Sainte-Erme, et non Elme, comme l'on dit vulgairement. Erme, dérivant d'un mot phénicien qui signifie *haut*, doit être préféré puisqu'il indique la position de ce château. Du couvent des Camaldules et de celui de San-Martino, l'œil embrasse aussi les plus beaux aspects ; on apperçoit de ce dernier la ville et son riche territoire, paré d'une verdure presque éternelle, et qui ressemble à un véritable paradis terrestre. Telle est la beauté de ces tableaux, qu'ils plongent le voyageur dans une extase, un ravissement au-dessus de toute expression.

On y arrive par le *monte-Vomero* qui ainsi que le Pausilippe est couvert de riantes habitations. Le sol en est peut-être encore plus fertile, ce qu'indique le nom de *Vomero*, soc, emblême d'une facile culture. Dans un cadre plus étroit, le jardin de l'ancienne chartreuse de *San-Martino*, et la *villa Belvedere* du prince Caraffa, méritent une mention spéciale.

Après une exploration assez longue sur ces hauteurs si intéressantes et dont il est bien difficile de s'éloigner, je me rendis au château de *Capo-dimonte*, où conduit une rampe fort douce. L'édifice se trouve dans une charmante position ; mais ayant été élevé par l'imprévoyance de l'architecte sur la voute d'une ancienne carrière qu'il fallut, de peur d'éboulements, soutenir ensuite par des travaux considérables, cette circonstance dégoûta de cette habitation le roi Charles III. Les successeurs de ce monarque ont agi de même. Cependant les appartements plaisent ainsi que les bois environnants.

Au bas de la colline où s'élève *Capo-di-monte*, on voit l'église et l'hospice de *Saint Janvier des Pauvres*, d'où l'on pénètre dans les catacombes du même nom. Ces souterrains doivent être d'anciennes carrières qui fournirent jadis des matériaux de construction ; les chrétiens y cherchèrent un asile contre la rage de leurs persécuteurs. En parcourant à la lueur des flambeaux ces voutes silencieuses sous lesquelles on rencontre de distance en distance des restes d'oratoires, en voyant sur les parois des sujets religieux grossièrement peints, je me reportai avec admiration aux siècles de ferveur et de zèle, alors que les premiers disciples de l'Evangile s'ensevelissaient tout vivants dans ces tombes anticipées pour honorer librement le Dieu de l'univers, ce Dieu dont la lumière allait bientôt éclairer les hommes enfin délivrés des ténèbres de l'idolâtrie.

Je parvins à une caverne assez vaste que l'on nomme l'*Eglise*, où l'on aperçoit encore des débris de l'autel et des chapelles latérales, la place réservée pour les prêtres, celle du peuple, et le lieu où étaient établis les fonts baptismaux. Un peu plus loin, une autre caverne servait de cimetière, comme l'attestent les ossements entassés. Ainsi, dans la même enceinte, le fidèle pouvait s'abriter dans la vie comme dans la mort. Du sein de la terre, il pouvait s'élancer vers le ciel.

La grotte qui vient ensuite, et dont on ignore la destination dans les premiers siècles du christianisme, fut occupée, au temps de la domination espagnole, par une bande de brigands. Ils communiquaient avec le terrain supérieur par un soupirail que l'on a bouché après la destruction de ces bandits.

L'exploration de ces souterrains n'est pas sans fatigues et même sans périls, à cause des sinuosités des galeries; sur plusieurs points il faut veiller attentivement à ce que les flambeaux ne s'éteignent pas: car sans leur secours, il serait impossible de retrouver sa route au milieu de ce labyrinthe plus inextricable que celui de Crète.

A Naples, l'étranger est d'abord absorbé par la magique beauté des sites, des paysages, des horizons; ce n'est qu'après avoir étudié cette nature privilégiée qu'il s'occupe des monuments des arts. Sous le rapport religieux, ils n'égalent pas ceux de Rome. En fait d'églises, par exemple, Naples en compte deux cents; une vingtaine, tout au plus méritent une attention soutenue. On doit citer *Saint-Ferdinand* qui se distingue par son architecture et ses belles fresques ; la *Trinité majeure*, autrefois *il Gesù Nuovo*, d'une magnificence extraordinaire ; et *Sainte Claire* aux riches ornements, où l'on trouve quelques mausolées des princes de la famille royale actuelle. Il faut aussi visiter *Saint-Dominique-le-Majeur*, superbe vaisseau renfermant diverses peintures de Titien et de Caravage. Dans une des chapelles se trouve le crucifix qui, d'après la tradition, parla à Saint Thomas. Du couvent attaché à cette église, et l'un des plus beaux de Naples, dépend la cellule du même docteur, aujourd'hui convertie en une somptueuse chapelle.

L'église de *Sainte-Marie-de-la-piété* renferme des objets encore plus extraordinaires. Dans l'exécution des statues du père et de la mère du prince Sangrado, qui ornent cette église, les artistes ont franchi les limites imposées à la statuaire. La figure de la princesse, ouvrage de Corradini, est couverte d'un voile d'une si grande délicatesse que l'œil distingue le nû des chairs à travers les points de la dentelle.

Un autre sculpteur, Queirolo, stimulé par ce chef-d'œuvre, et jaloux de lui donner un pendant, a représenté don François Sangrado, engagé dans un vaste filet, dont ce seigneur s'efforce de sortir avec le secours de son génie, ou plutôt de son bon ange. Cette allégorie explique les combats que ce personnage eut à soutenir contre les plaisirs du monde, plaisirs auxquels il renonça plus tard pour vivre saintement. Le réseau appartient au même bloc de marbre que la statue qui a été exécutée à travers les mailles de ce réseau.

La cathédrale de *Saint-Janvier* est un grand édifice gothique d'assez mauvais goût, on y retrouve quelques débris du temple d'Apollon qui occupait jadis le même emplacement ; le corps de saint Janvier git sous le maître-autel de la *Confession* ou chapelle souterraine, à laquelle conduit un double escalier du plus beau travail. Les arabesques, le plafond dans le style antique et la statue du cardinal Olivieri Caraffa, attribuée à Michel-Ange ou du moins à son école, ont droit à une mention spéciale.

Parmi les chapelles de la basilique supérieure, celle de Saint-Janvier, appelée aussi le trésor, possède d'immenses richesses qui consistent en une grande quantité de bustes et de chandeliers d'or et d'argent; dans le tabernacle on conserve la tête de saint Janvier. L'ancienne église de Sainte Restitute était jadis la cathédrale de Naples, elle fut plus particulièrement bâtie sur les débris du temple d'Apollon, elle en a conservé un bassin en marbre d'une exécution remarquable.

Parmi les galeries particulières de Naples, je citerai celle du palais Spinelli qui est riche en tableaux ; du duc de Monte-Leone ; du marquis de Somariva, un des plus généreux et des plus éclairés protecteurs des beaux-arts qu'il y ait en Europe. Le palais Maddalone et la galerie Berio renferment également d'importantes collections.

Le palais royal ne manque ni de grâce ni de dignité, les jardins que l'on nomme *suspendus*, à cause de leur situation en terrasse au bord de la mer, sont ornés de tonnelles et de treillages qui remplacent à demi les arbres de haute futaie, dont ce séjour est privé, ce qui laisse les promeneurs sans abri contre l'ardeur du soleil. A l'intérieur du palais règne un luxe de bon goût, fondé sur les arts.

Mais ce qui doit principalement exciter tout l'intérêt des voyageurs éclairés, c'est le Musée Bourbon, autrement *accademia degli studi* où l'on admire tant de chefs-d'œuvre de la peinture et de la sculpture et un nombre considérable de monuments antiques, provenant des fouilles de Pompeia, Herculanum, Stabia.

Rien de plus curieux à visiter dans ce vaste palais que la salle des *Papyrus ;* là quelques hommes, vrais martyrs de la science, s'occupent à dérouler avec autant d'efforts que de patience, les petits cones de charbon qui leur sont confiés, heureux si après un labeur des plus opiniâtres, ils parviennent à développer quelque millimètres de ces singuliers manuscrits, qui peuvent augmenter les trésors de l'intelligence humaine. Le manuscrit auquel je vis travailler était en grec ; il traitait de la musique ; nul doute qu'on n'en trouve de plus importants, dont la découverte jettera un jour lumineux sur les hautes questions d'histoire ou de philosophie, et comblera une lacune cruellement sentie dans les richesses littéraires que nous tenons de l'antiquité.

Dans le même édifice, je vis une exposition publique des produits de l'industrie napolitaine, c'était un reflet de la France que je trouvais sur la terre étrangère ; mais aux expositions de Naples manquent des primes d'encouragement, des récompenses qui excitent l'émulation, et produisent parmi nous tant d'heureux résultats, en poussant l'industrie dans les voies sans bornes de la perfectibilité. Au reste, les produits napolitains me parurent généralement inférieurs aux produits français et anglais.

La chaleur du climat y contribue sans doute par l'espèce d'énervation qu'elle suscite.

Les peuples du midi comprennent moins que ceux du nord ou d'un climat peu favorisé la nécessité du travail et les ressources de l'industrie. Les jouissances du bien-être n'y sont pas aussi recherchées ; l'existence se trouve en quelque sorte plus simple, plus près de la nature. En raison d'une moindre somme de besoins, ils font peu d'efforts. En revanche, les arts, cette poésie de la société, rencontrent dans les climats méridionaux et plus de sympathies, et de plus heureux interprètes; mais l'Italie contemporaine est sous ce rapport bien au dessous de l'Italie du siècle de Léon X et des grands âges qui en continuèrent les traditions.

Je me convainquis de cette décadence de l'art moderne à l'exposition des tableaux de l'École napolitaine. Ces peintures en petit nombre n'attestaient que trop la faiblesse des successeurs dégénérés des Luc Giordano, des Salvator Rosa, des Solimène. Les grands sujets d'histoire sont abandonnés ou traités avec une médiocrité désespérante, à peine remarque-t-on quelques paysages d'une meilleure exécution. La sculpture n'a pas davantage à se glorifier de ses productions. En présence d'une exposition semblable, on ne pouvait décider qui étaient les plus blâmables, artistes ou administrateurs, pour avoir réuni des œuvres aussi indignes des honneurs de la publicité.

L'étranger multiplie volontiers ses promenades dans Naples à cause de la variété des sites que cette ville renferme; la vue du port et des quais, l'affluence extraordinaire qui règne continuellement dans ces quartiers présentent un spectacle aussi nouveau qu'amusant. Une autre partie de la cité, non moins agréable, est la colline *Pizzo falcone* anciennement *Lucullana*, où l'on trouve avec une maison royale plusieurs établissements publics.

Le quai de Sainte Lucie où l'on passe pour aller à la *villa reale* est un des plus animés de Naples. Le voyageur s'y arrête volontiers pour s'amuser un inssant des gestes et des propos des pêcheurs qui y tiennent leur marché, et dont les groupes offrent des scènes extrêmement pittoresques. On remarque dans ce lieu deux sources acidules et sulfureuses venant du *Pizzo falcone* et qui possèdent diverses propriétés médicales. A la suite de ce quai commence celui de *Platamone*, dont le nom rappelle les anciennes plantations de platanes qui décoraient ce quai, et en faisaient une promenade publique. Le chateau de l'*Œuf* réveille le souvenir de la triste destinée du dernier simulacre d'empereur romain, Romulus Augustule, déposé en 476 par Odoacre, général des soldats fédérés. L'empire d'Occident finit à ce prince qui, par une dérision de la fortune, portait les deux noms de Romulus et d'Auguste, du fondateur de Rome et du fondateur de l'empire.

Quoique les quartiers intérieurs de Naples ne soient pas aussi remarquables, on doit les parcourir pour se faire une idée fidèle de cette grande cité. J'engagerai les curieux à visiter le palais de la *Vicaria*, ancienne résidence royale, où sont établis les tribunaux de la ville ainsi que les cours supérieures du royaume; cet édifice n'a d'autre mérite sous le rapport architectural que celui de ses immenses dimensions. On y voit une salle qui contient deux mille personnes. Cependant, elle n'est pas assez vaste pour suffire à l'essaim d'avocats et de procureurs qui multiplient à l'envi les procès. Sans doute, c'est un effet de l'influence du sang normand qui coule dans les veines des Napolitains.

# NAPLES

## ET SES ENVIRONS.

---

La place du marché de Naples est inséparable du souvenir de Masaniello, de ce pêcheur qui, au 17$^{me}$ siècle, fut un instant l'arbitre des destinées d'une grande capitale ; insensé qui souilla de crimes son pouvoir éphémère, et qui finit par tomber sous les coups de ses propres partisans. A la même époque, le duc de Guise cherchait à devenir roi de Naples ; la multitude s'éprit de Masaniello, et le punit d'avoir été son idole.

Deux compositeurs célèbres, MM. Caraffa et Auber ont popularisé en France le nom de ce pêcheur napolitain, auquel l'histoire n'accorde que quelques lignes furtives ; un de ces compositeurs, le premier, descend d'un homme qui fut enveloppé dans cette émeute populaire. Au fait, la musique est de tous les arts le plus accessible aux masses, celui que l'on comprend par le cœur, et lorsqu'on a entendu les belles partitions de Caraffa et d'Auber, il est impossible d'oublier Masaniello. On ne s'étonne pas qu'il soit peut-être plus connu en France qu'à Naples.

Cette même place du marché rappelle un drame encore plus terrible ; là fut élevé par les ordres de Charles d'Anjou, en 1269, l'échaufaud qui dévora à la fleur de l'âge l'infortuné Conradin, dernier rejeton de l'illustre maison de Souabe, et son noble cousin le jeune duc d'Autriche. On sait que ces deux princes vaincus à Tagliaccozzo furent vengés plus tard par Jean de Procida et les vêpres siciliennes, épouvantable massacre qui enveloppa dans une destruction

8

commune tous les Français excepté un seul, un gentilhomme provençal, Guillaume des Pourcelets, qui à cause de ses vertus, fut épargné par les meurtriers.

L'origine de Naples se perd dans la nuit des temps, ce qui obscursit une partie de l'histoire de cette cité. Falerne, l'un des Argonautes, (si les Argonautes ont existé) en fut-il le fondateur ? ou bien, dut-elle sa naissance à la sirène Parthénope qui suivant Homère se fixa sur cette côte? la question n'est pas des plus claires. Elle devient encore plus insoluble si on la complique en adoptant le témoignage des auteurs qui attribuent la fondation de Naples à Hercule, à Énée, et même à Ulysse. Il y a lieu de croire, la mythologie étant écartée, que cette cité fut bâtie par une de ces colonies que les Hellènes envoyaient alors assez fréquemment en Italie et en Sicile.

Il existait dès le principe, sur l'emplacement actuel de Naples deux villes distinctes, *Paleopolis* et *Parthenope*, que les habitants de Cumes détruisirent de fond en comble; mais l'oracle leur ayant ordonné d'en élever une autre, à la même place, sous peine de grands malheurs, cette cité reçut le nom de *Neapolis*, (ville-neuve), nom qu'elle a toujours conservé.

D'après une pareille antiquité, on devrait y retrouver des vestiges de ses anciens monuments ; mais il n'y a guère que ceux d'un temple jadis dédié à Castor et Pollux, par Jules Tarsus, affranchi de Tibère. On remarque ces débris au monastère de Saint Paul, où l'on voit encore les restes d'un théâtre sur lequel, assure-t-on, Néron parut en public pour la première fois, et chanta des vers de sa composition.

L'ancienne Parthénope était située dans la partie la plus haute de la ville moderne ; quant à Paléopolis, sa position est moins connue. Il est à présumer que cette ville se rapprochait davantage du bord de la mer. On n'a pas plus de renseignements sur la place qu'occupaient les anciens remparts, qui effrayèrent Annibal, et le forcèrent d'abandonner le siége de cette ville. Naples n'a point d'enceinte, il faudrait un immense développement de remparts pour embrasser une étendue de 22 milles de périmètre, où résident près de 400 mille âmes.

Après l'Asie-mineure, l'Egypte et la Grèce, Naples est le pays de prédilection pour les archéologues. En même temps, les environs, Pouzzoles et Naples, ont pour absorber le voyageur, même étranger à la culture des arts, des particularités physiques d'un haut intérêt.

La grotte de Pausilippe offre à son issue le petit hameau de *fuori la grotta*, dont le paysage est pittoresque ; à un demi mille plus loin, on rencontre le lac d'Agnano, qui serait sans contredit le site le plus agréable du monde, si l'air que l'on respire sur ses bords était aussi pur que l'aspect de ses environs est romantique : cette atmosphère viciée par la stagnation des eaux, rend ce séjour dangereux, et en éloigne ceux que charme la beauté du lieu.

Ces eaux présentent des caractères dignes d'attention, douces à la superficie, salées au fond, on les voit dans quelques circonstances bouillonner légèrement, ce qui ferait supposer que le volcan dont elles occupent l'ancien lit, a conservé des restes de combustion, ou du moins que cette effervescence est causée par des gaz qu'elles tiennent en dissolution, ce qu'il serait facile d'analyser.

L'ancienne ville d'*Angulanum*, dont le nom d'Agnano dérive par corruption, s'élevait dans les environs, mais je n'en ai point trouvé de vestiges, malgré l'assertion de Vasi. Les Romains y avaient établi des thermes d'une grande réputation ; les populations modernes, appréciant aussi les vertus de ces eaux thermales, ont formé sur leurs bords les étuves sudorifères de *San Germano* et des *Pisciarelle*, lesquelles sont souveraines pour plusieurs maladies, notamment pour les maladies cutanées.

On nous ouvrit ensuite vers le rocher, et du côté opposé à ces établissements, la célèbre *grotte du chien*, où le *Custode* s'empressa de faire sous nos yeux l'expérience accoutumée en poussant dans cet antre obscur l'animal chargé de satisfaire la curiosité des voyageurs. Après quelques secondes de souffrance, et plusieurs convulsions, le pauvre chien parut tout-à-fait mort ; en cet état, on le jeta hors de la grotte ; mais l'air qu'il aspira le rétablit promptement, et il manifesta son retour à l'existence par les plus tendres caresses au maître barbare qui l'exposait ainsi journellement à ce rapide passage de la vie à la mort, et de la mort à la vie. Avant les importantes découvertes de la chimie moderne, cette grotte passait pour avoir quelque chose de surnaturel ; aujourd'hui chacun peut reproduire, sans sortir de sa maison, cette expérience, en combinant dans les proportions requises, les quantités de gaz azote, d'hydrogène et d'acide carbonique qui constituent cette vapeur délétère.

La ville de Pouzzoles, fondée à ce que l'on croit par les habitants de Cumes, ou bien encore par une colonie de Samiens, devint l'une des plus considérables de l'empire ; l'affluence extraordinaire des familles puissantes de la métropole qui venaient y passer la belle saison, et les nombreux édifices qu'on y éleva, lui valurent le surnom de *petite Rome;* parmi les débris de ces monuments, on distingue les ruines du temple de Sérapis, consistant en trois colonnes de marbre *cipollino*, avec le pavé du temple, auquel on parvient par un escalier de cinq à six marches. Autour de l'édifice principal se trouvaient plusieurs chambres d'habitation pour les sacrificateurs. Ces espèces de cellules ont été rétablies aujourd'hui, elles servent pour les baigneurs, l'enceinte de ce temple, dont le sol est creux, recevant les eaux d'une source chaude et acidule qui vient, à ce que l'on présume, de la solfatare. Les médecins en ordonnent l'emploi pour diverses maladies.

La cathédrale de Pouzzoles ( *Saint Procul* ) renferme aussi quelques restes du temple érigé à Auguste par Calpurnius ; la place publique est décorée d'un riche piédestal ; d'après les bas reliefs on pense qu'il supportait la statue érigée à Tibère par les villes de l'Asie-Mineure. Cette statue n'a pas été retrouvée. A peu de distance, on rencontre la figure togée et plus grande que nature, du préteur Flavius

Egnatius Lollianus ; enfin hors de Pouzzoles, au *Pisataro* sont entassés des décombres qui jadis appartinrent à un temple de Diane, très honoré dans l'antiquité, car c'était un des principaux temples de cette déesse.

Le port de Pouzzoles était immense ; d'après l'inspection des débris de son ancien môle, on peut concevoir une idée fidèle de ses dimensions ; ces débris en brique ressemblent à un pont ; ils étonnent par leur masse gigantesque autant que par leur solidité.

On croit l'ouvrage antérieur à la domination des Romains dans cette contrée ; ce fut à l'extrémité que Caligula établit le pont de bateaux qui conduisait à Baies, et sur lequel ce prince extravagant fit pendant trois jours parade de son orgueil et de sa ridicule vanité.

Ma course de la matinée se termina par la visite des Arènes ; ce monument de moindre dimension que le Colysée, et d'un style d'architecture différent, offre aussi, à cause de son état de dégradation des effets de clair-obscur, justement appréciés des artistes. On trouve dans son intérieur une chapelle dédiée à Saint Janvier qui y fut exposé aux bêtes féroces qui ne lui firent aucun mal. Suétone, dans la vie d'Auguste, rapporte que cet empereur assista dans ce cirque à des jeux célébrés en son honneur. Non loin de ce monument s'élève un édifice vulgairement appelé le *Labyrinthe de Dédale*, à cause de la multiplicité des chambres souterraines qui le composent, et dont il serait assez difficile de se démêler sans le secours d'un guide et d'un flambeau.

Après beaucoup de dissertations sur l'origine et l'usage de ce singulier bâtiment, on a reconnu qu'il n'y avait rien de fondé dans ces conjectures puisqu'il est à peu près démontré aujourd'hui que ce sont les restes du réservoir des eaux destinées aux naumachies, dont les arènes étaient quelquefois le théâtre.

En m'embarquant pour explorer la côte de Pouzzoles à Baies, le guide me montra sur une colline à droite, les débris de la *villa* de Cicéron, de cette maison de plaisance où l'illustre Romain composa ses *questions académiques*, et dans laquelle il se délassait de ses graves études en se livrant à la pêche : la mer était alors beaucoup plus rapprochée de ce lieu. Le Spartiate Elius rapporte que l'empereur Adrien, mort à Baies, fut enseveli dans cette *villa*, où Antonin le *pieux* fit élever un temple magnifique; de ces deux édifices, il ne subsiste plus que des ruines.

On rencontre un peu plus loin le *Monte Barbaro*,

autrefois *Mons Gaurus* qui doit sa célébrité à l'opinion généralement répandue que ce côteau produisait le fameux vin de Falerne ; d'autres auteurs placent ce vignoble près de la *villa* actuelle de *Sessa* ; néanmoins le vin recueilli sur ce côteau étant assez estimé à Naples, on peut adopter la première opinion. Du reste, de fréquents tremblements de terre ont désolé ce mont.

Le lac Lucrin n'a aujourd'hui de remarquable que son nom, porté ou plutôt traîné par une petite mare dont les eaux, quoique communiquant avec la mer au moyen d'une écluse, n'en sont pas moins infectes à cause du chanvre que l'on y fait rouir toute l'année. Les fameuses huitres que l'on y trouvait jadis et dont les anciens Romains faisaient tant de cas, en ont disparu, du moins en partie. Mais heureusement pour les Apicius modernes, elles se sont réfugiées dans le lac de *Fusaro*, à peu de distance, et dont les eaux ont la propriété d'engraisser ce testacée, en le rendant très délicat.

On aperçoit sur la plage avant d'arriver aux bords du lac Lucrin, des débris d'une construction considérable, que l'on suppose généralement avoir appartenu au port construit par Jules César pour réunir les lacs Lucrin et Averne à la mer : c'était le *Portus*

*Julius*. Ces deux lacs qui n'en formaient qu'un, furent séparés par le tremblement de terre de 1538, un espace d'un demi mille les sépare aujourd'hui ; ce terrain est planté de vignes et de vergers assez bien entretenus.

Les eaux du lac Averne n'ont ni plus de transparence, ni plus de limpidité que celles du lac Lucrin. Rien de plus facile que la description physique de ce lac que l'on reconnait pour le cratère d'un ancien volcan. Mais la tâche est plus difficile à l'égard de son histoire poétique, et de la célébrité attachée à un nom que l'on ne prononçait qu'avec un sentiment d'effroi. Pour ne pas trop épouvanter le lecteur et surtout les timides lectrices par la présence de l'enfer des païens, je leur rappellerai que dans le voisinage se trouvent les champs élysées : il y a dédommagement, comme on le voit.

Le lac d'Averne était consacré à Pluton, et les anciens ne doutaient point que ce ne fut ici une des principales entrées du Ténare. Les vapeurs infectes qui s'exhalaient continuellement de ces eaux noirâtres, et faisaient périr les oiseaux qui s'en approchaient, l'aspect sauvage du site, ainsi que les phénomènes occasionnés par les nombreux volcans répandus dans la contrée, tout contribuait à réaliser les fictions des poètes : ce lieu pouvait bien passer pour l'avenue du royaume des ombres.

Les ruines que l'on aperçoit sur les bords orientaux du lac sont improprement désignées par le nom de *Temple d'Apollon* ; ce n'était qu'un établissement de bains, opinion corroborée par l'existence d'une source tiède et sulfureuse qui jaillit encore du fond de ces débris.

Les environs de ce lac merveilleux n'étaient pas moins célèbres que le lac lui-même, on y trouvait pour compléter le système mythologique, dont ce lieu était le théâtre, une fontaine du Styx, qui a entièrement disparu, et la grotte de la Sybille, d'où Enée, partit avec le rameau d'or pour aller visiter le ténébreux séjour. Rien n'est changé depuis l'époque où Virgile a décrit cette terre désolée. Le voyageur retrouve la caverne profonde ( *Alta spelunca* ) dans laquelle s'élança le héros troyen. L'entrée en est encore bordée de rochers et de buissons épais, où rampent de nombreux serpents. L'intérieur offre beaucoup de sinuosités ; à peu près aux deux tiers de sa longeur, on voit une pente rapide qui conduit à la grotte où la Sybille rendait ses oracles. Jamais plus favorable théâtre pour les évocations et les mystères. On ne pénètre qu'en tremblant dans cette retraite où semble retentir encore la voix de la prêtresse, le flambeau du guide projette sa lueur douteuse sur les grandes masses d'ombre qui vous environnent; et l'on se livre aux nobles souvenirs des temps antiques, tandis que le débonnaire conducteur vous prête son dos pour parcourir dans tous les sens cette cavité où séjournent au fond deux pieds d'eau.

L'extrémité de la grotte de la Sybille ramène sur les bords du lac Lucrin, je remontai sur la chaloupe pour continuer à visiter ce littoral, couvert de débris qui appartinrent aux maisons de plaisance de Marius, de Pompée, de César. A une certaine distance, ces ruines des anciens édifices semblent faire corps avec les rochers à cause de l'identité de teinte.

On monte ensuite par une rampe assez pénible aux bains de Néron, appelés vulgairement : *stuffa di tritola*. Ces étuves qui occupent la plus grande partie de la montagne, s'annoncent au loin par les émanations qui s'en échappent ; elles forment intérieurement six corridors, très étroits : leur entrée est ornée de *rosaces* et de *caissons* d'un travail soigné, qui paraît remonter aux plus beaux jours de l'empire.

Le *custode*, ou plutôt le malheureux patient qui

réside dans cette sorte de fournaise, nous invita à le suivre dans la route qu'il allait entreprendre ; nous voulumes d'abord l'accompagner ; mais force nous fut de revenir sur nos pas, à cause des vapeurs brûlantes qui s'élevaient de toutes parts. Le *custode* s'étant dépouillé de ses vêtements, y entra avec un baquet d'eau froide dans laquelle il avait mis un œuf cru ; il retourna au bout de deux minutes, trempé de sueur, et la figure tellement enflammée qu'il semblait sortir de l'enfer. L'eau du baquet était en pleine ébullition, l'œuf entièrement durci, mais non mangeable à cause des particules sulfureuses, dont il était imprégné.

Bâti par Charles-Quint, le château moderne est remarquable par sa position, c'est là tout ce qui porte aujourd'hui le nom de Baies, avec quelques ruines éparses. Il n'y avait rien de plus célèbre dans les derniers temps de la république romaine et au commencement de l'empire que le séjour de Baies et de la campagne environnante. Un beau climat, un air pur, les plus magnifiques aspects, une côte très abondante en poissons, et les recherches du luxe venant ajouter aux charmes d'un sol privilégié, voilà quelques-uns des enchantement de Baies, enchantements qui devinrent trop souvent un écueil pour la vertu. Cette contrée a figuré aussi dans l'histoire. Le premier triumvirat fut conclu à Baies; Marcellus, empoisonné, à ce que l'on croit, par Livie, y périt dans la *villa* de César; dans celle des Pisons, se trama une conjuration contre Néron; et la mère de ce tyran, Agrippine, y fut immolée par le monstre qui lui devait la vie. Ainsi des souvenirs de sang et de meurtre s'unissent à des souvenirs de fête sur cette terre dont on ne peut plus parler après l'admirable description qu'en a donnée M. de Chateaubriand dans le plus beau livre de notre époque, dans les *Martyrs*.

En présence de la désolation actuelle de Baies, et en pensant à sa splendeur passée, quelles tristes réflexions s'éveillent dans l'ame de l'observateur! Hommes et monuments, tout a disparu; le climat lui-même a changé. Cette atmosphère embaumée que venaient chercher avec délices les anciens Romains, n'est plus qu'un poison; comment reconnaître ce lieu qu'Horace appelait dans son enthousiasme le plus agréable de l'univers. En continuant de suivre la côte, on rencontre successivement les restes de trois temples assez rapprochés qui rappellent ces rivages de la Grèce où chaque promontoire, chaque rocher portaient un monument de la religion et des arts.

Le premier temple, celui de *Venus genitrix*, est de forme ronde, en briques, d'une construction élégante ; mais l'édifice dégradé croule de toutes parts. Dans une vigne voisine, on trouve des chambres souterraines qui en dépendaient, ornées de peintures à fresque d'un dessin très correct. Ces chambres servent aujourd'hui de cave et d'écurie à un paysan qui, pour quelque argent, s'empresse de les montrer aux étrangers.

Le temple de Mercure, vulgairement *il Truglio*, a quelques rapports de configuration avec le Panthéon de Rome, et reçoit le jour de la voute comme cet édifice ; l'eau qui a envahi ce temple empêche de le parcourir et de visiter les chambres souterraines.

Du temple de Diane *Lucifère* qui vient ensuite, il ne reste qu'une partie de la voute, elle ne tardera pas à s'écrouler. Les emblêmes de chasse qu'offrent ces débris ont persuadé avec assez de fondement que ce temple fut consacré à Diane. En effet, malgré la présence des eaux minérales que l'on remarque dans ces lieux, on ne peut adopter l'opinion qui considère ces temples comme autant d'établissements de bains, ils seraient trop rapprochés.

Avant de débarquer au village de *Bauli*, on remarque les restes d'un édifice considérable, désigné dans le pays sous le nom de tombeau d'Agrippine ; mais ce monument de forme circulaire, où l'on distingue encore des traces de gradins, paraît beaucoup mieux convenir à un théâtre qu'à un mausolée ; et si au rapport de Tacite, cette impératrice fut inhumée dans un tombeau très simple, auprès de la *villa* de César, il est évident que ce monument n'a point de rapport avec Agrippine, à moins cependant qu'il n'eût fait partie de la maison de plaisance qu'elle possédait sur l'emplacement qu'occupe aujourd'hui le village de Bauli.

# SUITE DES ENVIRONS

# DE NAPLES.

Dans ce pays singulier, tous les pas du voyageur sont marqués par de nouvelles surprises, par un continuel ravissement. A peine a-t-il admiré des constructions où se marient la grace et l'élégance, à peine s'est-il éloigné des temples de *Venus genitrix*, de *Mercure* et de *Diane Lucifère*, que voici la *Piscina mirabile* qui étale devant lui la solidité de son architecture qui semble défier les efforts des siècles.

Cette piscine était destinée à l'approvisionnement de la flotte romaine qui stationnait ordinairement au port voisin de Misène ; elle servait aussi aux besoins des habitants de la contrée qui n'avaient en général dans leurs maisons que des puits d'eau saumâtre ou minérale. L'immensité de ce réservoir lui permettait de fournir à cette consommation ; on le concevra quand on saura que sa longueur est de 225 pieds sur 76 de largeur et 20 de profondeur. On descend par deux escaliers de quarante marches chacun, dans ce réservoir que divisent des piliers et des arcades, il est difficile de reproduire avec des paroles l'effet imposant et grandiose de cette piscine, la seule de ce genre que possède l'Italie.

Un autre monument non moins remarquable est celui que l'on appelle du nom de *Cento camerelle*, (les cent chambres) ; il est situé non loin de la piscine, et offre dans ses dispositions un labyrinthe. Quelle était la destination de ces pièces voûtées qui descendent assez profondément dans la terre, et dont les murs sont enduits d'un mastic de la plus grande blancheur? Telle est la question que s'adressent les étrangers qui les visitent, mais que ne peuvent résoudre les antiquaires. Plusieurs s'en sont occupés ; les uns ont cru reconnaître les restes d'un établissement thermal; d'autres, se fondant sur les niches et les cavités que l'on observe dans différentes directions et qui paraissent avoir renfermé des ustensiles et des provisions, ont pensé au contraire que ces chambres avaient appartenu à une prison ou à un hôpital ; ainsi ce monument qui a préparé des tortures aux Saumaises passés, en prépare encore à leurs successeurs.

L'édifice circulaire que l'on rencontre ensuite en se dirigeant du côté de la mer, et que le vulgaire désigne, sans trop de motifs, sous le nom de *marché du samedi*, dépendait sans doute d'un ancien cirque destiné à des jeux équestres. On prétend que Néron y célébra les *quinquatriæ*, mais ces débris n'inspirent qu'un médiocre intérêt ; et leur origine est même contestée.

Nous voici de retour dans le domaine de la fable, nous touchons à l'Achéron, aux champs élysées, à ces lieux si souvent chantés par les poètes. Comment rester insensible devant de pareils noms? Comment ne pas être ému en visitant le théâtre des plus belles inspirations de Virgile.

Suivant la théogonie payenne, les âmes, au moment de la mort, s'embarquaient sur l'Achéron pour aborder à l'autre monde ; celles des hommes irréprochables étaient admises dans les champs élysées, dans ce séjour de délices et d'enchantement qu'un auteur moderne, le divin Fénélon a représenté avec les couleurs les plus douces, les plus suaves, laissant bien loin derrière lui toutes les descriptions de l'antiquité. Il est vrai qu'un reflet du christianisme brille sur les champs élysées du *Télémaque*.

Cependant les pervers étaient précipités dans le Ténare où, par des peines sans cesse renaissantes, ils expiaient leurs crimes. Mais les âmes des hommes, dont la vie avait flotté entre le vice et la vertu, sans énergie pour l'un comme pour l'autre, ces âmes faibles et incertaines étaient condamnées à errer sur les bords du lac, jusqu'à ce que purifiées par les eaux, elles méritassent l'accès de l'Elysée. Orphée apporta ce dogme de l'Egypte, et le répandit dans la Grèce, qui plus tard le transmit à cette partie de l'Italie.

Les premiers colons Grecs qui s'établirent sur la côte de Pouzzoles, devinrent les apôtres de cette croyance, et comme ils découvrirent sur le territoire où ils résidaient des lieux dont l'aspect offrait quelque analogie avec les descriptions des mythologues, ils s'empressèrent d'appliquer les noms de Ténare, d'Achéron, de champs Elysées. L'imagination des poètes et les superstitions populaires firent le reste. La Grèce comptait plusieurs Achérons ; on ne sait quel était le principal, puisque celui de la Thesprotie qui prenait sa source au marais d'Achéruse, ainsi que les deux rivières du même nom qui coulaient en Épire, et l'Achéron voisin du promontoire de Ténare avaient la même célébrité ; tous étaient considérés comme autant d'issues de l'enfer.

Or celui qui m'occupe et que dans le peuple on nomme *Mare muorto*, n'est séparé de la mer que par une digue qui servait autrefois de port ; on prétend qu'elle fut bâtie par Hercule à son retour de l'Espagne. Ce lac ainsi que les coteaux qui l'environnent, avec leurs riches plantations de vignobles et d'arbres fruitiers, semblent justifier à un certain point l'illusion attachée à cette contrée, par le charme des sites et la douceur enchanteresse du climat qui entretient jusqu'au cœur de l'hiver les productions du printemps.

La plupart des tombeaux que l'on remarque encore sur ces collines ou dans les champs élysées, sont tellement dégradés qu'ils n'excitent point d'intérêt ; la construction en est rustique, le style d'architecture remonte aux premiers temps de l'art. On distingue encore sur ces pierres tumulaires quelques inscriptions, les unes en lettres grecques, d'autres en caractères inconnus ; il est à présumer que des fouilles habilement dirigées exhumeraient de ces tombes quelques renseignements sur les anciens habitants de la contrée.

Toute fable naît d'une vérité ; si l'on cherche à expliquer le système des païens à l'égard des récompenses et des peines après la mort, on reconnaîtra d'abord le résultat de ce sentiment inné que tout homme porte dans son sein, et qui, sous l'inspiration de la conscience, fait la part du bien et du mal. Il paraît encore que les premiers Egyptiens, frappés de la beauté du lac d'Achéruse près d'Héliopolis, firent choix de cette contrée pour leurs sépultures, eux qui regardaient les maisons comme des hôtelleries de passage, et la tombe comme leur véritable demeure.

D'après cette idée, ils choisirent cette contrée comme un lieu de prédilection où les mânes erreraient avec plaisir. Afin d'abréger le chemin, on y transportait les cadavres qui étaient embarqués sur le lac, et Caron ou Charron, qui fut employé à ce soin, devint le nocher des enfers.

Ce nocher, aussi avare qu'inflexible, rejetait probablement dans les flots les morts dont la famille ne pouvait pas satisfaire aux frais de la traversée ; tel est sans doute le canevas si complaisamment brodé par les poètes et le peuple.

A un mille des Champs élysées, on voit le lac de *Fusaro*, qui a vraisemblablement fait partie de l'Achéron, mais qui ne sert aujourd'hui qu'au rouissage du chanvre, d'où vient le nom de Fusaro. Cet emploi pourrait donner quelques doutes sur la bonté des huîtres que ce lac nourrit ; mais les habitants du pays en renouvellent fréquemment les eaux au moyen de l'écluse qui le sépare de la mer.

A une demi-lieue des Champs élysées, s'élève l'ancienne ville de Misène ; cette cité qui le disputait à Baies en délices et en luxe, où venaient aussi les plus illustres Romains, passer une partie de l'année, a cessé d'exister depuis long-temps. Saccagée par les Lombards en 836, Misène fut entièrement détruite par les Sarrazins, cinquante-quatre ans plus tard. Lucullus y possédait une magnifique *villa* ; celle de Néron n'était pas moins somptueuse ; il ne reste de ces habitations et de Misène que des débris très-peu importants.

La montagne qui domine le promontoire formait, à ce que l'on présume, le centre de l'ancienne cité; on y jouit d'une vue admirable. Aussi, Madame de Staël si heureusement inspirée dans son bel ouvrage sur l'*Italie*, n'a pas manqué d'y conduire Corinne et Oswald. C'est sur le cap Misène que la muse du Capitole, cédant aux sollicitations des amis qui l'environnent, fait entendre ses chants inspirés; elle redit les *Souvenirs des beaux lieux* que contemple son regard. Ce tableau de Madame de Staël a trouvé un peintre dans le célèbre Gérard qui, luttant avec l'écrivain, a reproduit Corinne et les magnifiques aspects de la campagne de Naples.

La ville de Cumes que Strabon considère comme la plus ancienne de l'Italie, n'était pas éloignée; ses débris se bornent à quelques fragments de la voûte d'un édifice désigné par le peuple sous la dénomination de *Temple des géants*, et à des restes d'une porte dite: *L'Arco felice*. A mon retour de Pouzzoles, ma dernière visite fut pour la *Solfatara*.

Ce volcan, entouré de montagnes richement boisées, présente une perspective agreste, mais qui n'est pas dépourvue d'agrément. L'examen doit en être plus intéressant la nuit, à cause des jets de flamme aux mille couleurs qui s'en échappent, et étincellent au milieu de l'obscurité; pendant le jour on n'aperçoit qu'une légère fumée ; jointe aux vapeurs sulfureuses qui s'en exhalent constamment, elle rend l'atmosphère suffocante. Suivant M. Vaysse de Villiers, la Solfatara communique avec le Vésuve, malgré une distance de sept milles ; ce voyageur aurait pu ajouter à l'appui de son assertion une remarque qui la confirme ; la fumée cesse tout-à-fait pendant les éruptions du Vésuve.

La Solfatara n'est pas moins célèbre dans le système mythologique, dont cette contrée fut le théâtre, que les autres sites qui l'environnent ; il ne pouvait en être autrement, les prodiges naturels qu'offre ce volcan étant propres à frapper l'imagination. C'était là encore une entrée de l'enfer. On croyait aussi que les géants qui avaient tenté d'escalader le ciel, y avaient été précipités par Jupiter ; et sous l'empire de cette idée, les détonations qui éclatent par moments, étaient les soupirs et les gémissements de ces audacieux enfants du ciel et de la terre, comme les émanations de feux provenaient de leur haleine brûlante.

Mais qu'un écrivain napolitain de je ne sais quelle

époque, et qui se trouvait, dit-on, dans son bon sens, ait prétendu que la Solfatara était une bouche de l'enfer chrétien, voilà ce qu'on ne saurait adopter. Il est plus facile de concevoir que l'imagination de Dante se soit inspirée de l'aspect de ces lieux terribles pour peindre le seuil de ce séjour où siége l'éternel désespoir. Dans ces images physiques il trouvait des couleurs nouvelles, comme dans les déchirements des guerres civiles qui désolaient son beau pays, il puisait des éléments pour peupler le ténébreux séjour, d'horreurs et de tourments inusités.

A peu de distance de la Solfatara, s'élève le couvent de capucins bâti sur le théâtre du martyre de saint Janvier ; on montre encore la pierre où fut tranchée la tête de ce saint Evêque ; elle porte des traces de sang. Les exhalaisons du volcan rendent ce couvent inhabitable. On leur attribue la propriété de blanchir immédiatement le linge exposé à leur action, et de conserver long-temps sans putréfaction les cadavres inhumés dans les caveaux du monastère.

Depuis mon arrivée à Naples, on voyait augmenter progressivement et cela de jour en jour l'émission de la flamme du Vésuve, signe précurseur d'une prochaine éruption. Cette circonstance engagea les amis que j'avais à Naples à en profiter pour visiter le volcan., dont les effets acquièrent alors et plus d'importance et plus d'intérêt. Nous partîmes donc, tous les trois, le 4 de Juin 1819, au matin, avec l'intention d'explorer toute cette partie de la côte de Naples, et de terminer la journée par l'ascension au Vésuve ; ce qui s'exécute sans difficulté ni accident.

Je passai le *Sebeto*, petit fleuve renommé dans cette contrée, et dont le pont dit *de la Magdelaine* est décoré des statues de saint Jean Népomucène et de saint Janvier, placées comme en vedettes du côté du Vésuve, et ayant l'air de menacer ce volcan de la main pour l'empêcher d'étendre ses ravages vers la ville. A chaque pas, j'admirais le gracieux rivage qui se développait sous mes yeux, et qui présente un autre ordre de beautés que le Pausilippe et Mergellina.

De Naples à Portici la route est tellement fréquentée, elle est tellement peuplée de maisons que l'on pourrait encore se croire dans la ville. Portici est le Saint-Cloud de Naples comme Caserte en est le Versailles ; mais l'avantage reste aux sites et aux horizons napolitains ; la nature, il est vrai, a plus fait que l'art pour les embellir. Voilà le contraste avec les environs de Paris.

Si la façade du château de Portici se distingue par

l'élégante noblesse de son architecture, rien ne surpasse la richesse de ses appartements pour la décoration desquels, Joachim Murat avait employé les meilleurs artistes et les plus habiles ouvriers français. Ce soldat couronné, jeté par la volonté de Napoléon sur un trône, avait employé les mêmes mains et les mêmes talents à orner les autres résidences royales. Aussi le vieux roi Ferdinand, voyant à son retour de Sicile, ses palais si richement décorés, disait plaisamment avec une sorte de satisfaction : — Davero, Murat è un bravo maestro di casa. — D'honneur, Murat est un excellent maître de maison. On remarque ici avec intérêt et dans la partie du château habitée par le roi, une collection des principales vues de Naples exécutées presque toutes par M. le Comte de Forbin et son digne ami, M. Granet. Citer ces deux noms dispense d'en dire davantage : c'est le plus bel éloge. Au reste, M. le Comte de Forbin ne s'est pas borné à reproduire avec son pinceau les enchantements de la campagne de Naples ; il a employé aussi la plume de l'écrivain, et prouvé que là il avait encore une palette aux plus riches, aux plus suaves couleurs. Son roman de *Charles Barimore*, dont la scène se passe dans ces délicieuses contrées, est une de ces ravissantes créations qui rappellent l'affection de Virgile pour sa chère Parthénope. Sous le rapport du talent descriptif, c'est la magie de style de Bernardin de Saint-Pierre.

Sans doute, nous devons à *Charles Barimore* le beau voyage en Sicile ; là encore M. de Forbin a retrouvé les horizons veloutés, les grands aspects, les belles lignes de la campagne de Naples ; là gronde aussi un volcan.

Les jardins de Portici sont dessinés avec un goût qui tient du prestige de la féerie. Mais l'objet le plus important à examiner dans ce château, c'est le recueil de dessins antiques, provenant des fouilles opérées à Pompéia, Herculanum et dans d'autres débris de l'antiquité : ces dessins sont classés avec ordre et méthode.

Rien de plus attachant que l'inspection de cette collection précieuse, dont plusieurs morceaux datent de l'origine de la peinture chez les Grecs ; rien de plus satisfaisant pour l'amateur que la conviction où il est de voir des ouvrages copiés d'après les Zeuxis, les Timante, les Apelle, ou appartenant au crayon même de ces grands maîtres. N'est-ce pas une excursion dans les musées de l'ancienne Athènes ?

Au fait, on ne peut s'empêcher d'éprouver une

vive émotion, quand on pense que ces ouvrages si importants pour fixer l'histoire de l'art, indépendamment de leur mérite intrinsèque, ont échappé aux efforts combinés de la barbarie et du temps.

# RESINA, HERCULANUM, POMPEIA.

On arrive de Portici à Resina sans se douter que l'on a changé de pays, puisque ce village communique avec Portici ou plutôt n'en est que le prolongement ; il faut auparavant s'arrêter sur les bords de la mer pour admirer le château de la *Favorite*, résidence délicieuse, dont les jardins et les bâtiments par la plus heureuse harmonie réveillent le souvenir du palais d'Armide ou de Mélusine. C'est à Resina que l'on prend des guides pour monter au Vésuve, et c'est aussi sous l'emplacement qu'occupe ce village, et sous celui de Portici que gît la ville d'Herculanum. Une petite rue à droite de la place publique et courant vers la mer conduit le voyageur à une maison de peu d'apparence où résident les *Custodes* ou gardiens royaux. Ils vous dirigent par une galerie souterraine au puits qui fit découvrir cette ville, et de là à son théâtre, la seule partie visible qui en existe aujourd'hui.

Cette ville, bâtie par Hercule, environ soixante ans avant la fondation de Troie, fut ensevelie dans l'éruption du Vésuve de l'an 79 de l'ère chrétienne. Les habitants de Resina en découvrirent les premières traces, découverte complétée en 1720 par les fouilles qu'ordonna le prince d'Elbœuf; Charles III, après avoir fait extraire d'Herculanum tous les objets d'art que l'on y trouva, fut obligé d'ordonner de *remblayer* l'excavation, afin de sauver d'un éboulement infaillible les maisons de Portici et de Resina, construites sur la surface de cet abyme ; de sorte que le voyageur est privé du plaisir de se plonger dans l'antiquité, et de circuler à travers cette cité, d'en admirer les rues, le forum et les monuments.

Le théâtre est de la plus riche architecture grecque; il possédait une galerie ornée de statues en bronze d'un grand prix; et l'on y comptait vingt et un rangs de gradins; mais on ne peut en visiter qu'une faible partie, dont le déblai ne présentait pas les mêmes dangers pour les constructions supérieures de Resina. On distingue pourtant à la lueur d'une torche, diverses inscriptions relevées par des voyageurs, ainsi que l'empreinte d'une figure humaine tracée sur la croûte de lave et de cendres solidifiées qui en forment la voûte.

La grande route de Salerne passe sur cette voûte, et le bruit des voitures, par ses gradations différentes, simule le bruit des roulements du tonnerre. On voudrait s'arrêter plus long-temps dans ce souterrain célèbre, mais la curiosité et l'intérêt s'y refroidissent bientôt : car le visiteur, à cause du défaut d'espace, est forcé à chaque instant de revenir sur ses pas. Son imagination lui représente les temples et les palais qui gisent autour de lui dans cette sombre enceinte ; mais ce sont des morts qu'il ne lui est pas permis d'exhumer.

10

Les monceaux de lave que l'on rencontre ensuite au village de *Torre-del-Greco*, annoncent combien ce pays a eu à souffrir des fréquentes éruptions du Vésuve ; celle de 1794 le menaça d'une ruine totale ; mais déjà sont rebâties toutes les maisons détruites à cette époque ; et les habitants, oublieux du passé, sans nul souci de l'avenir, résident avec sécurité dans les mêmes maisons, destinées à devenir tôt ou tard la proie de ces ruisseaux dévastateurs.

Vient ensuite *Torre della Nunziata*, dont la population se livre presque entière à la pêche du corail, et réunit aisance et gaîté ; enfin on arrive à Pompéïa.

Avant de reproduire les observations que j'ai recueillies dans cette ville rendue à la lumière après une inhumation de dix-sept siècles, je vais citer quelques pages du voyageur, dont j'ai rappelé les vers en face du tombeau de Virgile. Ce fragment inédit donne une idée fidèle de Pompéïa.

« Si l'on devait attribuer à l'impulsion des vents du nord-ouest la direction sud-est que prennent ordinairement les cendres du Vésuve, il faudrait croire que le hasard a toujours fait coïncider l'époque du vent du nord avec l'époque de l'éruption. Il est plus naturel de présumer que cette direction accoutumée des matières que lance le volcan, provient de la forme intérieure et souterraine du cratère, qui ne lance point les cendres dans une direction perpendiculaire, mais toujours verticalement en tirant vers le sud-est.

» Ceci une fois établi, il ne paraîtra pas surprenant que dans un seul lieu, vers lequel les matières ont été projetées, le Vésuve ait pu entasser une montagne de cendres, lorsque autour de cette montagne le terrain n'en a été que parsemé. Cette montagne de cendres couvrit Pompéïa. La cendre se refroidit, se fertilisa, se recouvrit de végétation, et finit par n'être plus qu'une colline verdoyante, qui ne différait en rien des autres collines que renferme le vallon.

» Cependant, on savait par le témoignage des auteurs et par les traditions séculaires, que dans ce vallon, au midi du Vésuve, une ville existait sous la terre. Un jour, on la découvrit. Plusieurs gouvernements successifs encouragèrent les fouilles, en ordonnèrent ensuite de plus importantes ; et Pompéïa déblayée fut enfin délivrée de la poussière qui l'étouffait depuis dix-sept siècles.

» Par cette description, vous voyez qu'il ne s'agissait point de creuser la terre et de descendre au-dessous de la plaine. Une colline, pour ainsi dire factice, s'était placée auprès des autres collines auxquelles elle ressemblait parfaitement. On enlève peu à peu cette colline, et la ville avec ses rues et ses édifices se déploie au niveau du vallon et sous l'azur du plus beau ciel.

» Je suis à la porte de Pompéia ; j'y entre par le quartier des Soldats. Un parallélogramme formé par des colonnes rouges cannelées et recouvertes d'un stuc magnifique, c'est la première place qui s'offre à ma vue. Entre ces colonnes, une galerie décrit un carré gracieux : au milieu, l'herbe pousse, et un vieux saule m'offre sa verdure. Une eau limpide jaillit d'une fontaine ; je me rafraîchis, et me dirige vers la ville. Des rues, et encore des rues, mais toutes inhabitées : les maisons petites et serrées ; un trottoir des deux côtés ; au milieu, un pavé de lave dans lequel la roue des chars a tracé de profondes ornières ; une fontaine à l'angle de chaque rue ; portes et fenêtres vides, comme le lendemain d'un incendie ; et le désert, et le silence : voilà Pompéia.

» Ce temple d'Isis, ces colonnades magnifiques, ces sanctuaires de tous les dieux de la Grèce et de Rome, ces thermes circulaires si élégants, et ce cirque où la reconnaissance inscrivit le nom des Balbus ; et ces remparts, entiers comme au jour de leur construction ; et tant de maisons élégantes et commodes; ces autels, ces frontons, ces statues, tout cela enchante l'imagination : mais à Nismes, à Arles, à Rome, j'avais admiré ces monuments antiques. Cherchons donc ce que je n'ai vu nulle part ailleurs ; je veux dire ces deux théâtres conservés avec tous leurs détails, et où j'ai osé, moi profane, réciter à haute voix sur la scène les beaux vers du Philoctète et de l'OEdipe-Roi.

» Cette maison d'Eumachia, où je me suis prosterné avec respect devant la statue de la bonne prêtresse qui fut riche, vertueuse et bienfaisante ; ces ateliers du sculpteur, où le ciseau allait achever tant d'ouvrages commencés, et qui donnent une idée du talent de l'artiste ; ces comptoirs dont la surface de marbre blanc creusée de trous circulaires, sert à couvrir et à cacher des urnes où le vin était puisé par la marchande, pour remplir la coupe des buveurs ; et ces moulins de granit, où des bras robustes venaient moudre le grain ; et ce four du boulanger encore tout noirci de la fumée de la veille, tout cela m'émeut ; car l'antiquité ne m'apparut jamais qu'avec ses grands monuments et ses grands ouvrages : et ces petits détails de la vie privée, ces occupations journalières tout-à-coup interrompues par la mort, laissent dans l'âme je ne sais quelle mélancolie qui n'exalte plus la tête, mais qui pénètre bien avant dans le cœur.

» J'avais visité la maison d'Aufidius, celle de Salluste, celle de Diomède, une foule d'autres, et je m'étais arrêté avec respect devant le *Pompeianum* de Cicéron. Partout des peintures à fresque détachent leurs brillantes couleurs sur un stuc rouge qui imite le marbre; partout des cadres décrits par de longues et élégantes arabesques, entourent des tableaux dont le sujet indique chacun des lieux que je parcours. Ces fruits, ces poissons, ces corbeilles pleines de mets désignent la salle du festin; ici peut-être, Horace a couronné sa coupe de roses.

» Je fuis, et je m'échappe, pour résister à je ne sais quelle émotion irrésistible qui me retient au milieu de ces habitations désertes. Je m'avance par la voie Appienne vers la porte du nord, et je parcours, en sortant de la ville, cette magnifique *avenue des tombeaux*, qui forme son dernier faubourg. A droite, à gauche, les monuments funèbres s'élèvent majestueusement comme d'immenses piédestaux. Presque tous revêtus de marbres blancs, leurs bas-reliefs, leurs inscriptions rappellent des services rendus à la patrie ou des charges honorables glorieusement remplies. Faut-il en croire ce témoignage de la reconnaissance publique, ou la tombe n'est-elle plus le terme des adulations humaines? je l'ignore, mais un mot frappe ma vue et m'attendrit. Ici Diomède a fait construire son tombeau *pour lui et pour les siens* (pro sibi et suis). Il n'a donc pas voulu, cet excellent père, être séparé de sa famille, même après sa mort; ils vivaient ensemble, ils s'aimaient, et les voilà réunis encore dans ce sépulcre! Approchons de cette grille; voyez-vous, dans cet endroit obscur, quelques urnes déposées ensemble dans la même niche? c'est Diomède avec ses enfants. Ne séparez pas ces urnes, ne les séparez jamais. N'auriez-vous pas des remords, si vous divisiez ces cendres qui reposent là depuis dix-sept siècles? les empires et les villes ont changé; religion, politique, mœurs, tout s'est renouvelé sur la surface de la terre; et Diomède et sa famille n'ont cessé de dormir ensemble. Quel cœur inhumain pourrait toucher de sang-froid à ces cendres adorées?

» Je pars enfin, et me dirige au midi vers Castellamare, où je dois passer la nuit; mais Pompeïa ne sortira jamais de ma mémoire. J'ai vécu chez les Romains, dans leur chambre, près de leur lit, près de leur table. Je crois avoir assisté à leurs procès; il me semble les avoir vus dans le forum, parlant d'affaires ; dans les temples, adressant leurs prières aux dieux ; dans ces rues nombreuses, où fourmillait le peuple ; sur cette voie Appienne, sans cesse couverte de chars. Ici, cet homme, adroit chasseur, faisait par des ouvriers habiles représenter sur son pavé mosaïque la chasse au sanglier qui l'avait occupé la veille ; celui-ci vient de perdre son chien favori, et les ouvriers ont dessiné sur le pavé de la maison le chien fidèle menaçant encore les voleurs, avec cette inscription : *Prenez garde au chien* (cave canem). Ces deux hommes en s'amusant songeaient-ils à la postérité ? que parlez-vous des siècles ? à Pompeïa tout vit, tout respire ; et l'absence des habitants fait tout au plus l'effet d'une terreur panique, qui les a pour quelques jours éloignés de leurs pénates chéris.

» Un mot encore. J'ai vu découvrir à Pompeïa une admirable statue de Cicéron. J'ai été le premier à dire aux ouvriers : *C'est Cicéron !* puis, j'ai voulu rappeler au consul romain un passage de ses Catilinaires ; son visage était si sévère, que la parole m'a manqué.

» Ce fut le lendemain du jour où j'avais visité Pompeïa, que le souvenir encore plein de ces intéressants débris de la grandeur romaine, je me dirigeai de Castellamare vers Resina, située sur le penchant du Vésuve. Le pied de la montagne offre à l'œil, de tous les côtés, excepté de celui qui regarde Pompeïa, l'aspect d'un immense amphithéâtre de verdure, où sur des gradins successifs, le figuier, le mûrier, le châtaignier, unissent leurs rameaux, et où la vigne qui produit le vin de Lacryma-Christi suspend ses longues guirlandes aux branches du peuplier d'Italie. Au-dessus de cette première région, la végétation décroît insensiblement, et fait place à une terre d'un violet grisâtre, dont la sombre couleur annonce la lave qui déjà la traverse par torrents. Je gravissais lentement sur un mulet, monture ordinaire des voyageurs, le chemin escarpé qui conduit à la seule habitation que présente le Vésuve, et je répétais dans mon esprit cette phrase de Madame de Staël : « Un ermite est là sur les confins de la vie et de la mort. »

» Deux hommes habitent aujourd'hui l'ermitage ; l'un d'eux, nommé le père Salvatori, est d'une taille élevée, fort, âgé de 55 ans environ, et conservant sous la robe je ne sais quel air martial qui trahit sa première profession. L'autre est un vénérable octogénaire, bon et pieux. Je me reposai chez eux, et résolus d'y passer la nuit : car l'heure était trop avancée pour visiter le sommet de la montagne. Je partageai leur modeste repas, pour lequel ils mirent en commun quelques viandes salées que recélait leur vieille armoire ; après quoi, ils me souhaitèrent une bonne nuit, m'offrant pour lit un canapé dont la forme et la commodité ne répondaient que trop à l'extrême simplicité du lieu.

» Le lendemain, levé avant le jour, je me hâtai de gravir le mont, et je touchais au sommet lorsque, sur l'horizon, du côté de Caserte, je vis le soleil se lever majestueusement. Ses premiers rayons éclairent d'abord la montagne, rasent bientôt la plaine, et se prolongeant sur la mer, font briller les rochers de Caprée, au milieu de l'immense golfe, qu'embrassent d'un côté le riant Pausylippe, et de l'autre les agrestes coteaux de Sorrente. Ce vaste bassin, ces îles d'azur, ce rivage circulaire, où l'écume des flots vient baigner une végétation éclatante ; ces nombreux vaisseaux qui sillonnent les ondes, cette ville, où pour la première fois, mon œil était frappé de l'absence des toits, et se reposait sur des dômes et des terrasses qui lui impriment un caractère oriental, tout me saisit d'une soudaine admiration ; mais bientôt ramenant mes regards vers la place où j'étais, je pus examiner le cratère du Vésuve, et en mesurer des yeux la profondeur. L'ouverture supérieure du cratère exige une heure et un quart de marche pour le voyageur qui veut en faire le tour. En plusieurs lieux, le chemin est si étroit et si glissant, que je fus obligé de saisir de temps en temps la veste de mon guide, sous peine, d'un côté, de me précipiter dans l'abîme, et de l'autre, de rouler jusqu'à la base de la montagne, qui, vers le midi, n'offre qu'un talus rapide. Cette promenade terminée, nous attachâmes à un rocher la corde que portait mon guide, et je descendis dans le cratère.

» Le volcan, tel qu'il est aujourd'hui, présente à la vue l'aspect d'un immense cône renversé. Le fond est complètement fermé et plein d'une cendre grise, dure comme le sable, et assez solide pour que l'on n'y enfonce que le pied. Cette cendre couvre une surface horizontale d'environ cent pieds de diamètre. De distance en distance, coulent des ruisseaux de soufre : les uns d'un jaune clair et verdâtre, les autres rouge comme du sang. Sur les parois et depuis le fond du volcan jusqu'au cratère, je comptai plus de soixante ouvertures, d'où la fumée s'élève, et qui sont assez éloignées entre elles, quoique de l'extérieur de la montagne cette fumée ne forme qu'un seul nuage. Ces ouvertures ne sont point considérables ;

dans l'une, j'ai passé un bras que j'ai retiré imprégné d'une vapeur brûlante, dont quelques gouttes étaient visibles ; sur une autre, j'ai placé un fagot de bois sec que mon guide m'avait jeté, et qui s'est enflammé rapidement. C'est le seul feu que j'aie pu voir dans tout l'intérieur du Vésuve. Cette exploration m'a retenu près d'une heure ; après quoi, m'aidant de la première corde et d'une autre que le guide fit descendre et que j'attachai autour de mon corps, je remontai sur le bord du cratère.

» Faut-il vous rappeler ici une des émotions qui ont agité mon âme pendant cette heure passée dans le volcan ? je vous le dirai avec franchise. Avant de me mettre en marche le matin, j'avais demandé au père Joseph, le plus âgé des deux ermites, quel temps m'était nécessaire pour arriver au sommet, faire le tour de la montagne, et descendre au fond du cratère. Il me répondit : Trois heures et demie. — Dans trois heures et demie, lui dis-je, je serai au fond du Vésuve. — Et moi, reprit-il en jetant les yeux sur sa vieille pendule, à la même heure je prierai Dieu pour vous. Je le remerciai : ce n'était point le pressentiment du danger que je courais qui le faisait parler ainsi. Aucun péril ne me menaçait, hors le cas d'une éruption ; et nous étions tranquilles sur ce point. La veille d'une éruption, le volcan aspire dans son sein toutes les eaux voisines, et ce jour-là le puits de l'ermite était plein. J'avais reçu l'offre de sa prière avec indifférence; au fond du cratère il en fut autrement. La vue du volcan, de son ouverture immense, et ce ciel que troublait à mes yeux l'épaisseur de la fumée, l'aspect des scories, des cendres, du bitume et de ce soufre aux couleurs si variées m'avaient disposé à la méditation. Une chose surtout me frappa : c'était, au milieu de ce silence et de cette immobilité, d'entendre tout-à-coup, sans aucune impulsion visible, rouler des pierres autour de moi : ici, un peu de terre se détachait de la surface, et la fumée sortait par une ouverture nouvelle; là, un éboulement précipité fermait une autre issue. La vapeur brûlante qui m'entourait et gênait ma respiration, l'ébullition du soufre, le mouvement dont je parle, signe évident d'une action souterraine continue, portèrent dans mon esprit des idées graves, qui devaient naître de ce spectacle de destruction et de mort. La prière du bon ermite me revint à la mémoire; et vous donnerez le nom qu'il vous plaira au sentiment qui me la rappela avec une sorte de plaisir.

» La chaleur était extrême lorsque je sortis du

cratère; mais avec les rayons du soleil, je retrouvai un air respirable, qui m'avait manqué au fond du gouffre. J'arrivai dans l'après-midi à l'ermitage, où je fis encore table commune avec mes hôtes, sous le grand arbre qui avoisine leur demeure; puis, traversant les laves qui sont au niveau de l'ermitage, je dis adieu au Vésuve, et regagnai, à travers les rochers, le chemin qui devait me conduire aux jardins de Portici. »

# QUELQUES OBSERVATIONS

AJOUTÉES

## AU PRÉCÉDENT CHAPITRE.

J'ai cité le récit d'un voyageur qui comme moi a visité Pompéïa et le Vésuve ; voici maintenant mes observations personnelles, également recueillies en présence des objets que je décris.

Les maisons de Pompeïa offrent à peu près la même disposition intérieure, mais elles manquent ordinairement de second étage. La plus remarquable est celle de L. Arrius Diomède, qui s'élève sur une colline très-rapprochée de la porte d'Herculanum, et à l'endroit où existait jadis le faubourg *Augustus felix*. Cette maison ou plutôt cet hôtel se compose d'une cour carrée qu'encadre un portique soutenu sur des pilastres en stuc, et où aboutissent les diverses pièces de l'habitation. Les appartements du rez-de-chaussée disposés sur les mêmes lignes et de dimensions à peu près égales ressemblent à des cellules de moines ; plusieurs pièces ne reçoivent du jour que par la porte, et n'ont entre elles aucune communication, ce qui démontre toute l'infériorité des anciens dans ce qui concerne le *comfortable*, ce bien-être de l'architecture intérieure, eux qui excellaient dans les constructions monumentales. Ces cellules sont presque toutes pavées en mosaïque, et leurs murs décorés de peintures à fresque d'un goût exquis. Dans la cour centrale on voit encore des vestiges d'un bassin et d'une citerne; il y avait aussi un parterre en gazon, de quelques mètres d'étendue. Lors des premières fouilles on découvrit dans cette maison un squelette tenant d'une main des clefs, et de l'autre de la monnaie ; auprès se trouvait un autre squelette chargé de vases d'argent et de bronze, ce qui a donné lieu de penser que c'était le maître du logis et un de ses esclaves, fuyant la catastrophe qui les menaçait, et arrêtés par la mort.

A quelques pas de cette maison s'élève le tombeau de la famille Arria, dont l'épitaphe annonce que ce monument fut érigé par Arrius Diomède, affranchi de *Caja*, seigneur du *Pagus Augustus Felix*; ce monument est très dégradé. Du sommet de la colline, l'œil embrasse une belle perspective ; c'est probablement sur cette éminence que se trouvait je ne sais quel numéro des *villas* de Cicéron ; cet orateur en possédait un grand nombre. Il paraît que celle-ci avec la *Villa Tusculana* étaient ses favorites, s'il faut en juger par ces mots d'une de ses lettres à Atticus : *Tusculanum et Pompeianum valdè me delectant.*

La *Voie consulaire* ou des *Tombeaux*, traversait la ville dans toute sa longueur ; dans le faubourg elle avait deux toises de large, dimension des voies *Appienne* et *Latine*, et que les Romains ne dépassaient guère dans de semblables constructions ; elle se rétrécit dans l'intérieur de la cité, où elle est flanquée de deux trottoirs.

La porte d'Herculanum, construite en briques revêtues de stuc, n'est pas très-remarquable, mais de ce point se développe une belle rue bordée de maisons symétriques, qui, au lieu de numéro, portent sur leur façade une inscription en lettres rouges désignant le nom et la profession du propriétaire. Les murs de cette rue, ainsi que ceux de la rue de gauche, présentent de distance en distance des annonces extrêmement intéressantes, telles que des ordonnances municipales, des affiches de jeux et de spectacles publics, des avis relatifs à l'ouverture de la chasse, à des ventes, à des locations de maisons : tout cela date de dix-sept siècles, tout cela semble dater d'un jour.

Dans cette rue se trouvaient des moulins à bled assez semblables à nos moulins à huile, la maison de Caïus Salluste, l'atelier d'un forgeron, plus loin les demeures d'Erennius et de Polibius, et celle de Jules Equanus, l'une des plus belles du pays.

Devant un temple, dédié à ce que l'on croit à Jupiter, s'étendait une place qui fut jadis le *forum* de Pompeïa ; parallèlement à cette place se trouvent les débris d'un temple de Vénus ; et dans le même quartier on voit encore les ruines d'un bâtiment plus considérable, que l'on désigne sous le nom de *basi-*

*lique.* Ces édifices servaient chez les Romains à l'administration de la justice, aux réunions du sénat, et aux négocians pour y traiter d'affaires ; les chrétiens en firent leurs premiers sanctuaires, en les agrandissant pour les mettre en rapport avec le nombre toujours plus grand des fidèles.

Mais le principal monument de Pompeïa est le grand portique, situé sur une éminence ; quelques colonnes encore debout lui donnent de loin un aspect bien digne de frapper l'artiste ; les environs sont jonchés de débris ; dans le nombre il faut signaler le théâtre, édifice en partie restauré, et qui dut son origine aux deux Holconius, qui fondèrent aussi la *Curia*, et le réservoir des eaux du Sarno destinées à l'approvisionnement de la ville.

Le théâtre comique n'est séparé du précédent que par un porche, et cet édifice qui est couvert appartenait au genre que les Grecs nommaient *Odea*, comme exclusivement réservé aux représentations comiques et aux concours pour le chant et la poésie. Dans le voisinage existent des débris de la colonnade du *Forum nundiarium* (le marché) ; et plus loin la *Curia*, où l'on montre une tribune avec son escalier qui servait sans doute à l'avocat qui plaidait, ou au magistrat chargé de présider.

Le temple d'Isis, situé à côté, mérite l'attention de l'archéologue ; car, malgré l'exiguité de ses dimensions, il renferme divers objets intéressants : le sanctuaire auquel on monte par un escalier de sept marches, forme un petit temple particulier, où l'on distingue encore quelques niches ; on voit au bas deux petits autels où étaient placées les tables isiaques que l'on conserve au musée Bourbon.

Un vestibule ou portique de six colonnes conduisait à l'autel principal sur lequel on trouve des débris de la statue de la déesse. On voyait au-dessous la chambre obscure où les prêtres, feignant de s'entretenir avec elle, transmettaient ensuite les oracles au peuple. Quelques vestiges de cet atelier de fourberies et de mensonges sont encore debout. L'intérieur du temple présente aussi deux autels, dont le premier à droite était destiné à recueillir les cendres des victimes que l'on brûlait sur l'autel situé en face. Le logement des prêtres était annexé à cette partie du temple : dans les premières fouilles on découvrit plusieurs squelettes de sacrificateurs ; un d'eux tenait encore un fer à la main.

A côté du temple d'Isis s'élève celui d'Esculape, d'une architecture bien moins élégante. Dans le même quartier, on peut examiner la maison appelée l'*Atelier de sculpture*, où l'on trouva, avec tous les outils nécessaires à cet art, des blocs de marbre et plusieurs statues d'un grand prix, dont quelques-unes n'étaient qu'ébauchées.

Je terminerai mon excursion à Pompéïa par une visite aux Arènes.

Ce monument est bien digne des autres édifices qui décoraient cette cité; avant d'y arriver, on foule quelques débris de remparts et l'emplacement de la porte de Stabie. Cet amphithéâtre, beaucoup plus vaste que celui de Pouzzoles, est d'un meilleur style d'architecture. On l'examine avec intérêt lorsque l'on se rappelle le récit de Tacite qui place dans cette enceinte la collision entre les habitants de Pompéïa et les colons Nocéréens, à propos des combats de gladiateurs qu'y donna Levinejus Regulus. Toutes les populations du voisinage y accoururent. Les scènes de désordre auxquelles ce rassemblement donna lieu et dans lesquelles périrent beaucoup de personnes, déterminèrent le sénat Romain à exiler Regulus, et à interdire à Pompéïa les combats de gladiateurs pendant un laps de dix années.

Ces divers monuments, ainsi que les ruines que l'on rencontre à chaque pas, ruines que leur état de dégradation antérieur aux premières fouilles n'a pas permis de caractériser, donnent la plus favorable idée de l'importance de cette ville. Mais combien cette idée s'agrandit quand on voit, par le plan dressé d'après les débris de remparts encore existants, que l'on n'a découvert au plus que le quart de la superficie ! Il faut que l'imagination de l'archéologue aille déterrer sous les vignes et les vergers d'admirables édifices, supérieurs à tout ce qui a été exhumé.

De tous les objets qui appellent les curieux dans le berceau de la gloire et des arts, parmi les monuments de toute espèce que renferme l'heureuse Italie, il n'en est point de plus remarquable, de plus extraordinaire que Pompeïa : Rome elle-même ne peut lui être comparée. A Rome se confondent les constructions antiques et modernes ; à Pompeïa, au contraire, s'est conservé pur et sans mélange, ce caractère historique, cette teinte du passé qui complète l'illusion. Seulement, il est malheureux qu'on en ait dépouillé les maisons de tout ce qui achevait de leur donner ce vernis d'antiquité. Ces mêmes objets, disséminés dans d'autres lieux, perdent beaucoup de leur intérêt ; il me semble qu'il valait mieux tout respecter, tout laisser à sa place, en un mot faire de Pompeïa une *Ville-Musée*.

En retournant de Pompeïa à Resina, je me disposai

à l'ascension du Vésuve. Ce fut sur les dix heures du soir que j'arrivai à l'ermitage où mon modeste soupé fut arrosé de vin de *Lacryma-Christi*, supérieur à celui que j'avais bu à Naples, et recueilli par les ermites. Il n'y a peut-être rien de comparable à l'aspect que présentait alors cette habitation éclairée d'un côté par les rayons argentés de la lune, de l'autre par la flamme rougeâtre du Vésuve. Rien de plus avantageux que sa position qui domine Naples et sa campagne, tandis que adossée à un monticule, elle se trouve à l'abri des ravages du volcan.

Assis à l'extrémité de la terrasse qui précède l'ermitage, et où l'on a établi des oratoires pour les Stations du Chemin de la Croix, (*Via Crucis*), je contemplai avec autant de surprise que d'admiration cette montagne célèbre. La flamme s'élevait alors en aigrette; les pluies de pierres ainsi que de fréquentes détonations formaient un spectacle aussi nouveau que merveilleux, et j'aurais passé la nuit à le contempler sans le désir de parvenir au cratère avant le lever de l'aurore.

Ceux qui ne connaissent pas le volcan, s'imaginent arriver au cratère immédiatement après avoir franchi cette première montagne qui lui sert de base, et dont le sommet se confond d'en bas avec le Vésuve ;

cette illusion aide et soutient le courage du voyageur. Tantôt il foule des couches de scories aiguës et tranchantes qui mettent en lambeaux sa chaussure ; tantôt il s'enfonce dans des lits de cendre et de sable, route mobile où l'on ressemble à ce pèlerin qui pour obéir à un vœu faisait un pas en avant puis deux en arrière. La montagne ne présente de ce côté qu'un talus de cendres et de lave pulvérisée, divisé longitudinalement et en espaces assez égaux par les arêtes presque parallèles des scories : pour se hisser au sommet, il faut forcément opter entre ces arêtes et les couches de cendres. Enfin on parvient au cratère en traversant un plateau couvert d'éjections volcaniques, dont le désordre et le bouleversement représentent l'image fidèle du chaos.

Je me ressentis du voisinage du Vésuve par la chaleur qui se développait graduellement autour de moi : les couches de sable que je foulais allaient devenir brûlantes ; elles commençaient à révéler la présence des feux intérieurs ; néanmoins j'avançai avec courage vers le volcan ; à mes pieds venaient de temps en temps tomber des pierres, dans leur projection parabolique. J'eus occasion d'examiner un courant de lave, le seul qui parût alors sillonner le flanc de la montagne. L'aspect de ces ruisseaux a quelque chose d'horrible et de majestueux ; celui-ci que je jugeai avoir sept ou huit mètres de largeur, se dirigeait vers Pompeïa. Un bâton que j'y plongeai s'enflamma aussitôt. En approchant du cratère, je sentais le sol trembler sous mes pas, tout annonçait que je marchais sur la voûte du volcan.

Le ciel, jusqu'alors serein, se couvrit d'épais nuages, comme pour ajouter à l'éclat de l'illumination que j'avais devant mes yeux. La foudre grondait, présageant l'orage ; mais que ses roulements étaient faibles et sourds à côté des détonations du Vésuve ! Comme il était intéressant de comparer en ce moment le phénomène électrique avec les effets du volcan !

On me montra les fontaines établies par le célèbre chimiste Davy ; la première a produit de l'eau qu'il est impossible de boire ; l'autre en fournit de légèrement acidule, mais dont on peut user. Enfin, j'arrivai épuisé de fatigue au pied du cratère : les militaires qui ont assisté à des siéges, ou se sont trouvés dans des batailles très animées, peuvent seuls se faire une idée des approches de ce gouffre défendues par une pluie de pierres et de graviers qui, se succédant sans relâche, simulent le bruit et les périls de la guerre.

L'observateur qui voudrait décrire la largeur du

cratère, le volume de la flamme qui s'en exhale, et calculer l'intermittence des détonations, aurait besoin d'une situation plus commode et moins dangereuse. Du point où je me trouvais je ne voyais qu'une immense fournaise, dont il était impossible de sonder les abîmes et de mesurer le diamètre, à cause de la suffocation produite par les émanations incessantes de flamme et de fumée. Néanmoins, dans un moment où le vent chassait la fumée dans un autre sens, il me sembla que la bouche du cratère pouvait avoir 40 à 50 pieds de diamètre.

A des époques où le Vésuve semblait presque éteint, des savants ont eu le courage de faire des observations dans son intérieur, et le Père *della Torre* a déterminé assez exactement la profondeur du gouffre qu'il évalue à 543 pieds. D'autres naturalistes sont descendus dans les zônes les plus basses; ils ont rapporté que cette partie offrait absolument l'aspect d'une vaste chaudière remplie de matières enflammées, et qu'il n'y avait rien de plus affreux, mais en même temps de plus beau que cet infernal laboratoire.

Le *Monte-Somma*, qui n'est séparé du Vésuve que par un vallon de lave ou de rocher, paraît n'avoir fait autrefois qu'un seul corps avec cette montagne à laquelle il est encore uni par sa base. Les matières ferrugineuses et calcinées que l'on y remarque, avec leurs teintes rouges ou violacées, autorisent à penser que là fut jadis le principal foyer du volcan. Le volcan formait alors son cratère de l'énorme quantité de substances que le feu a dévorées ici pendant une longue suite de siècles, et dont la masse était beaucoup plus considérable que celle du Vésuve actuel.

L'action matérielle du volcan relativement à la combustion des substances qu'il renferme, est connue depuis long-temps, et on l'explique autant par l'expérience de l'Eméry que d'après les découvertes de la chimie moderne. Ce savant avait observé qu'une amalgame de limaille de fer et de soufre, enfouie dans la terre et humectée d'eau, finissait par brûler avec explosion comme un volcan, d'après la propriété qu'ont les *pyrites* ou combinaisons de soufre avec un métal, de s'enflammer toutes seules et d'embraser ainsi les autres matières combustibles avec lesquelles on les joint. Cette expérience, plusieurs fois répétée, toujours avec succès, a rendu bien facile l'intelligence des phénomènes volcaniques. Ainsi s'évanouissent les opinions erronées, les fables que les peuples dans leur crédule ignorance attachent aux forces mystérieuses de la nature ; la science les dissipe et fait briller le grand jour de la vérité qui achève de montrer dans tout son éclat la puissance de Dieu.

# RETOUR A NAPLES.

Quels que soient les plaisirs ou les intérêts qui retiennent à Naples le voyageur, il ne peut se dispenser de visiter le château de Caserte. En le faisant élever, Charles III se proposa-t-il de rivaliser avec Versailles, ou seulement se dédommager d'avoir échoué dans la construction de *Capo-di-monte?* Il est certain que la situation de Caserte, au milieu du territoire de l'ancienne Capoue, est merveilleusement choisie pour dessiner des parcs et des jardins ; mais le sol uni est loin d'offrir les accidents si variés qui recommandent Versailles, accidents dont l'art a si bien profité. Le péristyle qui suit la grande porte du milieu est composé de 98 colonnes en pierre de Sicile d'une grande valeur ; quatre cours, d'une symétrie parfaite, décorent l'intérieur du château ; l'escalier a cent marches formées chacune d'un bloc de marbre de 19 pieds de long ; la chapelle répond à tant de magnificence.

Si l'escalier de Caserte est justement apprécié à cause de la richesse de ses ornements et de l'élégance de son exécution, ce château renferme encore une salle de spectacles sans rivale dans le monde. Où trouver en effet un édifice semblable où sont employés les marbres les plus précieux ? Il existe assurément dans d'autres résidences royales des théâtres décorés avec luxe : celui du château de Versailles se distingue par sa boiserie, ses dorures et ses glaces multipliées ; mais quelle que soit la magnificence de ces ornements, ils paraîtront mesquins à côté de ceux qui embellissent le théâtre de Caserte.

Les jardins répondent à l'ensemble de ce splendide édifice ; on y trouve un parc du plus bel effet, un jardin anglais dessiné avec goût, orné de charmantes fabriques, animé par des pièces d'eau, et surtout par une cascade extrêmement imposante. Sans doute la pensée créatrice de Charles III est loin d'égaler celle de Louis XIV, dont le grand et beau règne se résume si admirablement dans les pompes de Versailles ; mais à Caserte, la transparence de l'air, la pureté du ciel, la douceur du climat, les souvenirs réunis de la Fable et de l'Histoire rappellent les enchantements des jardins d'Armide. Les vers du poème du Tasse sont, en quelque sorte, réalisés.

Le village de *Santa-Maria*, peu éloigné de Caserte, ne possède de l'ancienne Capoue que quelques vestiges, tels que les débris d'un amphithéâtre, d'un Crypto-portique, et deux arcades assez légèrement désignées par des archéologues sous le nom de portes de la ville. Ce qui peut y attirer le voyageur, c'est le désir d'examiner l'emplacement d'une cité célèbre, et de deviner ainsi son assiette et son aspect.

Les monuments et les sites de Naples et de ses environs ne sont pas l'unique sujet qui éveille la curiosité de l'observateur ; reste encore pour lui une étude non moins attrayante, l'étude des mœurs, des usages, des idées des habitants de ce beau pays. Mais un pareil travail réclame un long séjour ; pour l'homme qui passe, la physionomie d'un peuple est toujours voilée ; ses opinions, ses goûts, ce qui constitue son âme, le sont encore plus. Je me bornerai donc à quelques légères nuances que je tiens de Français, établis depuis assez long-temps dans la contrée, et par conséquent mieux en état d'en apprécier les mœurs.

Le Napolitain moderne, sans doute à cause de l'influence du climat, ressemble encore beaucoup par le caractère et les habitudes, aux Osques, aux Capouans, aux divers peuples qui l'ont précédé sur cette terre privilégiée. A l'amour des fêtes et des plaisirs, aux raffinements d'une existence élégante et molle, propres à ces anciennes populations, se mêlaient beaucoup de politesse envers les étrangers, et une propension spéciale à les obliger.

Or, ces dispositions se rencontrent encore de nos jours à Naples ; et le voyageur y trouve plus de dévouement, plus de cordialité que dans la plupart des villes de la Péninsule. Les nobles sont beaucoup plus affables que ceux de Rome, dont la politesse n'est jamais exempte de dédain et de fierté. Un seigneur Napolitain s'attache au contraire de bonne foi au voyageur qui lui est recommandé ; il s'empresse de lui rendre mille services, et ce dernier peut disposer librement de la table, de la voiture, de la loge de son hôte ou plutôt de son ami.

Je devais bientôt quitter, et quitter sans doute pour toujours l'heureuse Parthénope ; pour faire diversion à cette pénible idée, je portai mes pas vers le môle ; c'était le soir, je voulais encore une fois admirer le magnifique tableau dont on jouit de ce point. De là, je me dirigeai vers le quai de *Mergellina*. De nombreux bateaux allaient et revenaient sans cesse, portant de joyeux convives qui étaient attirés par les délicieux soupés que l'on fait au *Scoglio*, rocher situé au milieu de la mer. A mes côtés, des mariniers chantaient des octaves de la *Jérusalem délivrée*, en s'accompagnant sur la guitare ou sur la mandoline ; et ces chants, mariés au murmure des flots qui venaient expirer sur la grève, ajoutaient encore aux délices de cette belle soirée.

Je ne pouvais me lasser de parcourir les quais et les principaux quartiers ; avant d'adresser mes derniers adieux à Naples, je voulais encore repaître ma curiosité des scènes pittoresques et variées qui s'y renouvellent sans cesse. Avec la nuit commence une existence toute nouvelle ; c'est un mouvement, une

12

animation, une gaîté dont il est difficile de donner une idée fidèle. Le quai de Sainte-Lucie devient surtout le théâtre de divertissements et de jeux qui attirent une foule nombreuse. Ici, c'est un chanteur qui croit égaler les premiers sujets de *San-Carlo*; là, de jeunes filles dansent avec grâce la *Tarantella*; puis, c'est l'éternel signor *Pulcinella*, aux prises avec le diable ou le commissaire, qui fixe les regards et provoque l'hilarité.

Polichinelle est à Naples dans son berceau; cette création bouffonne, ce personnage grotesque date, dit-on, de plusieurs siècles. Les anciens que nous ne connaissons qu'à travers les traditions pétrifiées du pédantisme, ne furent pas étrangers aux lazzis, aux saillies de cet être difforme, armé d'une double bosse et si bien fait pour provoquer le rire. Mais l'antiquité, quelle qu'ait été sa verve comique, s'avouerait vaincue devant les tours de force du Polichinelle moderne. La satire populaire, cette satire mordante, qui saisit le ridicule, en forme un type et l'éternise, s'est réfugiée à Naples dans la baraque de *Pulcinella* ou au théâtre des *Fantoccini*. Les *Marionnettes*, voilà les premiers acteurs comiques de l'Italie contemporaine.

Au milieu de ce mouvement qui anime le quai de

Sainte-Lucie, des groupes de curieux viennent prendre leur repas du soir en face de ces spectacles qui les charment. On dirait qu'il s'agit d'une fête, ou pour mieux dire, d'une foire perpétuelle.

Le goût de la musique est tellement répandu dans cette contrée, qu'on y rencontre rarement des individus ne jouant d'aucun instrument, soit par routine, soit par principes. Après les travaux de la journée, l'ouvrier décroche du mur sa guitare ou sa mandoline, et le voilà chantant des romances ou des barcaroles avec cet instinct de mélodie, ce goût exquis, qui passerait dans un autre pays pour le comble de l'art, et qui n'est qu'un don du climat.

Sans doute, les relations intimes que les Napolitains ont entretenues avec la France sous le gouvernement de Joseph et de Murat, ont contribué, autant que l'identité de leurs goûts avec les nôtres, à cette affection, à cette sympathie qu'ils montrent dans toutes les circonstances pour ce qui touche à nos modes, à nos mœurs, à nos habitudes. Les classes élevées de la société se piquent généralement de *Gallomanie :* au fait, l'imitation des manières anglaises contrasterait trop fortement avec les idées du pays. Ce ne serait qu'une caricature au milieu de l'enjouement et de la gaîté qui caractérisent cette nation folâtre et légère. La France domine donc à Naples. Dans les bonnes maisons, la conversation a lieu en français, bien souvent en patois *lazzaron :* car le bel italien est peu pratiqué dans cette ville, où les étrangers ne doivent guère s'attendre à l'étudier.

L'éducation tend à niveler les saillies, à effacer les contrastes, à faire disparaître les aspérités : encore quelques années, et tous les salons de l'Europe présenteront le même aspect, et tous les hommes appartenant à une certaine classe de la société, n'auront qu'une seule physionomie, comme ils n'ont déjà qu'un seul costume, quelle que soit la différence de pays et de nations. Cette uniformité, ce niveau de la mode et du bon ton n'ont pas encore passé dans les rangs inférieurs. Presque partout le peuple a conservé son caractère distinct ; il offre un type spécial ; on retrouve surtout ce type dans les grandes capitales : là, en effet, tous les extrêmes se touchent. Mais parmi les capitales des royaumes de l'Europe, aucune ne présente une classe d'hommes aussi singulière, aussi fortement tranchée que Naples avec ses *Lazzaroni*. Sans doute, il y a dans toutes les villes une population de prolétaires vivant au jour le jour, oublieuse du passé, insouciante pour l'avenir ; ne comparez pourtant pas ces prolétaires aux *Lazzaroni* napolitains. Ces derniers sont modifiés par la nature du climat, par de vieilles traditions, par mille circonstances qui ne peuvent se retrouver ailleurs ; une capitale port de mer, par exemple, et ce port de mer sous le plus beau ciel du monde, avec une température qui condamne au repos pendant plusieurs heures de la journée, qui dispense de chercher un abri pour la nuit.

Avec cette température concourent l'éclat des cérémonies religieuses et l'instinct artistique, dont l'influence combinée ennoblit ce qu'aurait de matériel, de dégradé, l'existence des *Lazzaroni*. La plupart des voyageurs les traitent avec un mépris prononcé : se sont-ils donné la peine de les observer ? Ne sont-ils pas arrivés à Naples avec des opinions arrêtées, fixées d'avance ? Voilà ce qu'il est permis de se demander.

Un écrivain italien les a parfaitement appréciés dans ces lignes que je me fais un plaisir de reproduire.

« Je n'ai d'autre but que de venger les Lazzaroni napolitains des calomnies versées sur eux à pleines mains par des auteurs très respectables, auxquels ils ne répondent point parce qu'ils ignorent l'art de les lire.

» Si l'on pouvait pénétrer sous les haillons qui les couvrent, on s'apercevrait bientôt que cette enveloppe hideuse de la misère cache souvent un esprit vif, pétillant, enjoué, qui leur fait supporter avec indifférence les maux de la nature et l'injustice des hommes.

» Confondus avec des êtres appartenant à d'autres systèmes de vie sociale, les *lazzaroni* savent se garantir contre les séductions de la mollesse, et sans tomber dans les horreurs de la barbarie, ils se tiennent à l'abri des dangers de la civilisation. Ce beau ciel qui énerve les âmes les plus fortes, paraît n'exercer aucune influence sur eux; et sourds au chant des syrènes, ils effeuillent les roses sans craindre les épines.

» Mais leur vie est obscure, et elle échappe à l'observation de l'étranger, entièrement absorbé dans la contemplation des merveilles dont l'Italie abonde. Si Antigone et Alexandre eurent la curiosité, l'un de visiter Diogène, et l'autre d'être instruit par Cléante, les voyageurs modernes savent trouver d'autres maîtres et d'autres occupations pour tirer profit de leurs excursions. D'ailleurs le nombre des cyniques s'est tellement augmenté, que la vie entière d'un homme suffirait à peine pour en rassembler les traits principaux ; Diogène était le seul de son temps qui se contentait de s'enfermer dans son tonneau.

» Mais qui voudrait prendre la peine d'examiner plusieurs milliers de Diogènes, condamnés à coucher sur le sol ? Habillés de toile comme leurs polichinelles, le bonnet de la liberté sur la tête, les lazzaroni n'ont rien à redouter ; et c'est dans leur pauvreté qu'ils trouvent la sauvegarde de leur indépendance.

» Lorsque l'ambitieux courtisan compte tristement les heures dans l'antichambre d'un ministre, l'heureux plébéien, étendu dans la hotte dont il fait un lit pour la nuit, attend près de la porte du marché le pourvoyeur d'un nouvel Apicius, qui lui confie ses provisions pour les porter à l'hôtel, dont l'entrée ne lui a jamais été défendue.

» Ses services lui sont généreusement payés, et ce qu'on lui donne lui suffit jusqu'au lendemain. Qu'il est heureux ! qu'il est content ! Son oisiveté lui inspire de la joie ; ses besoins sont satisfaits ; il ne lui reste plus qu'à s'occuper de ses plaisirs, et quelle capitale n'en a point pour un homme désœuvré ? Les prodiges d'un charlatan, les contorsions d'un saltimbanque, une noce, une cérémonie, tout sert à alimenter sa curiosité et à tromper ses heures, dont chacune lui promet un nouvel amusement. Le temps le plus agréable est celui qu'il emploie au cabaret, où, assis sur un banc, il borne son occupation à faire passer dans son estomac de longs fils de maccaroni. Peu familier avec l'art de Robert et de Beauvilliers, son palais n'a jamais été irrité par les sauces piquantes et par les mets recherchés des cuisines étrangères, et une assiettée de maccaroni est tout ce qu'il lui faut pour satisfaire son appétit.

» En attendant, voilà un rhapsode, qui, appuyé sur une poutre, ouvre son gymnase sur le *môle*, où il chante d'une voix enrouée :

Le donne, i cavalier, l'arme, gli amori.

» Le récit des exploits de ces fameux paladins qui remplirent la terre de terreur et de carnage, intéresse vivement ces fainéants, qui, les yeux attachés sur le chantre de Renaud, répandent bien souvent des larmes sur les infortunes de ce héros. Considérez-les, voyez comme ils retiennent leur haleine pour attendre la fin du chant que l'adroit conteur sait interrompre à propos ! Les auditeurs se séparent en maudissant un homme qui a eu l'inhumanité de laisser Roger et Bradamante dans les fers d'Atlas, ou la belle Angélique exposée aux dents de la baleine.

» Mais le jour n'est pas encore fini ; le cœur est agité, l'esprit inquiet : quel soulagement trouvera le lazzarone dans une ville où tout respire l'amour du gain? Tout autre philosophe se déchaînerait contre le sort, contre les vices de la société, la perversité des hommes, les maux de la vie, les incommodités de l'indigence : le lazzarone, guidé par un meilleur instinct, s'approche de la mer, qui réfléchit les derniers feux du soleil. Séduit par ce spectacle majestueux, il va se délasser au sein de l'eau des fatigues et de la chaleur de la journée.

» Il attend pour en sortir que la lune se soit montrée sur le sommet enflammé du Vésuve, et qu'elle répande sa clarté sur les collines du Pausilippe ; il se rhabille, et va à San-Carlino, où l'on doit représenter, pour la première fois, la *Grande halte du Soleil avec Polichinelle, aide de camp de Gédéon.* Le titre est imposant, et le nom de l'auteur connu ; ceux qui ont assisté aux dernières répétitions assurent que les décorations sont éblouissantes, et que le dialogue entre Polichinelle et le Soleil est vraiment sublime.

» Le spectacle s'est prolongé fort avant dans la nuit. Les deux armées ont rivalisé de courage, et la victoire a flotté long-temps incertaine ; mais les Gabaonites ont dû céder à la supériorité et aux efforts de l'*artillerie* ennemie, à laquelle on doit en grande partie l'honneur du triomphe. Polichinelle s'est battu en héros, et Gédéon le décore de l'ordre du *Grand-coucou*, en présence des soldats et du peuple qui applaudissent à cet acte de magnanimité et de justice.

» Au sortir du théâtre, le *lazzarone* rentre dans sa hotte, et sous un ciel pur, au milieu d'un air embaumé, il se livre au sommeil qui l'attend sur les marches d'une église; et s'il se réveille, il voit sans inquiétude rôder autour de lui le voleur qui veille sur sa proie, et l'assassin qui s'éloigne de sa victime sans être sûr d'avoir tué un ennemi.

» Les nobles passions du citoyen ont quelquefois pénétré dans le cœur de ces paresseux habitants de l'Italie, et lorsque des soldats audacieux voulurent envahir leur patrie, ils retardèrent la marche triomphante de ces légions, que le bras d'une armée n'avait eu ni le courage ni la force d'arrêter. Respectés et craints de leurs ennemis, traités avec déférence par leurs amis, les *lazzaroni* sont les seuls qui jouissent d'une douce existence, dans un pays où le sort s'est montré contraire à tous les partis. »

Des *Lazzaroni* passer aux sommités intellectuelles de Naples, la transition est un peu brusque; il y a loin en effet de ces philosophes de la nature à un Filangieri, à un Giannone, à un Vico, à ces immortels écrivains qui ont prouvé au monde civilisé qu'au milieu du peuple le plus léger de l'Italie, pouvait se rencontrer la profondeur de la pensée. Dans ces trois noms, se trouve la justification des Napolitains, que des voyageurs prévenus représentent comme étrangers à tout esprit de méditation. Au contraire, sous ce ciel de feu, sur cette terre sillonnée par la lave des volcans, l'imagination doit participer de l'énergie du climat. Si quelqu'un l'a prouvé, c'est Vico dont la *science nouvelle* a opéré une révolution complète dans les destinées de l'histoire.

Des hommes de cette trempe ne se rencontrent pas à toutes les époques, ils ne paraissent qu'à de lointains intervalles, mais ils suffisent à l'illustration de plusieurs siècles.

Naples peut aussi se glorifier de ses compositeurs. La musique y est généralement appréciée, comprise, cultivée. Un chant large et expressif recommande surtout les compositions lyriques des maîtres napolitains, parmi lesquels il faut signaler Paesiello, Cimarosa et Valentin Fioravanti.

Outre ces artistes indigènes, on distingue encore des étrangers, tels que Simon Mayer et le comte de

Gallemberg ; le premier a produit un grand nombre d'opéras, un trop grand nombre peut-être, mais tous renferment de beaux effets ; le second s'occupe spécialement à composer des airs de ballet pour le théâtre de *San-Carlo ;* il excelle dans ce genre.

Ce théâtre de *San-Carlo*, le plus grand et le plus beau de l'Europe, n'a pas besoin d'éloges ; on sait qu'il a été reconstruit, l'ancien édifice ayant été, en 1815, dévoré par les flammes. A voir le luxe et la magnificence de ce monument, il semble qu'un gouvernement seul a pu faire une pareille dépense. Point du tout : c'est un ancien garçon de Café, *il signor* Barbaglia, devenu immensément riche, qui a ainsi employé une partie de sa fortune. Dans l'espace de trois cents jours, il a obtenu cette reconstruction qui demanderait des années : l'or a produit ce prodige.

Quarante-huit chevaux peuvent manœuvrer sur la scène. J'ai vu *San-Carlo* dans toute sa pompe ; la salle était illuminée *à jour*, selon l'expression italienne ; les acteurs représentaient l'*Elisabeth* de Rossini ; c'était pour la fête du roi, *la Saint-Ferdinand :* au spectacle assistaient l'empereur et l'impératrice d'Autriche, avec toute la cour des Deux-Siciles. Malgré toute la richesse de ce théâtre, les décorations de celui de la *Scala* de Milan, me semblent préférables.

Il est inutile d'ajouter que l'opéra et le ballet réunissent les sujets les plus distingués. A l'époque où je me trouvais à Naples, la troupe de *San-Carlo* comptait dans ses rangs Nozzari, Benedetti, Cicimara et le célèbre Davidde; la *prima donna*, la signora Colbran, me parut un peu âgée pour son emploi.

Après le grand théâtre vient le théâtre *Nuovo*, destiné à l'opéra comique; j'y ai vu représenter le *Barbier de Séville*, de Rossini, ouvrage qui était alors dans sa nouveauté.

Ce fut avec bonheur que je vis exécuter ce bel ouvrage, et dans l'entr'acte, un de mes voisins, homme d'infiniment d'esprit, me raconta les détails suivants sur Rossini.

— « On ne l'appelait pas encore le grand maestro; aussi lorsqu'en 1816, il fit représenter à Rome, sur le théâtre *Argentina*, son *Barbiere di Siviglia*, tous les *dilettanti* s'élevèrent contre l'audacieux jeune homme qui osait toucher à un sujet traité par le célèbre Paesiello. L'indignation fut générale parmi les spectateurs, et ils se promirent bien de ne pas se borner à de stériles projets. A peine Rossini parut-il à l'orchestre pour y tenir le piano, suivant l'usage de nos contrées, à peine se montra-t-il avec sa figure insouciante et joyeuse, que l'explosion éclata. Impossible de rien distinguer au milieu d'un bruit confus de sifflets, de trépignements, de clameurs et de vociférations. Le compositeur ne se découragea point; immobile à son poste, il semblait braver l'orage, et après la *Stretta* du *finale* du premier acte, il se leva, et cria d'une voix qui dominait le tumulte : *Bravi i cantanti!* C'en était trop. Les clameurs redoublèrent, et dans leur fureur, les Romains parlaient de jeter dans le Tibre l'intrépide musicien.

Cependant, des amis de Rossini vinrent le prévenir, avant la seconde représentation, que le public avait seulement voulu punir la témérité d'un jeune homme qui n'avait pas craint de lutter avec Paesiello ; mais que ce devoir rempli, on écouterait son œuvre. Cette assurance ne rassura que médiocrement Rossini ; il chargea son ami, le tenor Garcia, pour lequel il avait écrit le rôle d'Almaviva, d'annoncer à l'*impresaro* qu'une indisposition l'empêchait d'assister à la seconde représentation du *Barbier*.

La toile se lève ; les acteurs tremblaient au souvenir du récent tumulte ; les musiciens partageaient cette impression pénible ; mais le public montra les sentiments les plus favorables ; de longs applaudissements, des bravos répétés accueillirent l'ouverture: le directeur respirait, les chanteurs reprenaient courage ; tout-à-coup les spectateurs s'aperçoivent que Rossini n'est pas au piano. Un cri unanime s'élève : Il maestro ! il maestro ! Vîte on expédie un messager, avec ordre de le faire venir de suite. Il vint en effet, vêtu de la manière la plus étrange, en pantoufles, en pantalon de molleton, avec une longue veste de voyage, et la tête coiffée d'un de ces énormes bonnets de coton que portent les charcutiers de Bologne. Personne ne fit attention à son costume, il fut accueilli par un tonnerre d'applaudissements. Rappelé sept fois, il fut forcé de paraître sept fois sur la scène, au milieu des *Eviva* et des *Bravi* de la foule enthousiasmée. Zamboni-*Figaro*, et Garcia-*Almaviva*, furent associés à son triomphe. Rossini occupait le même logement avec les deux chanteurs ; la voiture qui les reconduisit tous les trois était précédée et suivie de gens qui portaient des torches, et la foule ne cessait d'unir dans ses acclamations les noms de Rossini, de Zamboni et de Garcia. »

Ce récit, que j'affaiblis en le reproduisant, me fit encore mieux goûter le charme de cette musique scintillante, qui rend avec tant de bonheur toute la verve de Beaumarchais, dont Rossini s'est montré le traducteur aussi fidèle que spirituel. Au reste, ce n'est pas la seule anecdote que les Italiens aiment à raconter sur le grand Maestro, sur ce génie fécond qui a rempli le monde de la magie de ses accords.

Le théâtre des *Florentins* est destiné aux comédies et aux tragédies, mais ce dernier genre est peu apprécié par la vivacité et la gaîté des Napolitains. Là ne se borne point la liste des théâtres de Parthénope; je visitai encore *San-Carlino* et *San-Ferdinando*, où l'on joue également le drame et l'opéra. Enfin, le peuple a son spectacle de prédilection, le théâtre *della Fenice*, sur lequel sont représentées des farces en patois lazzaron. Malheureusement la décence n'est pas toujours respectée dans le répertoire de la *Fenice*.

On trouve à Naples tout ce qui peut contribuer aux agréments de la vie; mais, il faut le dire, la réunion complète de ces avantages provient des établissements fondés dans cette ville par les Français à l'époque de leur domination. Plusieurs établissements de ce genre subsistent encore, voilà ce qui a valu à Naples le surnom de *Paris italien*. Aussi un Français s'y acclimate bien plus vite que dans le reste de la Péninsule. Au fait, il lui semble n'avoir pas changé de pays ; il peut se faire illusion.

Parmi les marchands, dont fourmillent les rues, on distingue plus spécialement les *aquajuoli* ou vendeurs d'eau fraîche en détail. Cette eau, qui est ordinairement parfumée au citron, forme une boisson des plus salutaires sous un ciel aussi brûlant. On voit donc ces *aquajuoli* remuer continuellement une espèce de sorbetière, où ils préparent ce breuvage qu'assaisonne encore la vivacité comique de leurs gestes et de leurs mines. Les vendeurs ambulants de glaces ne sont pas moins communs à cause de l'excessive consommation de ces rafraîchissements que la modicité de leur prix met à la portée des classes les plus pauvres de la population. Le besoin de glaces est si impérieux dans cette capitale, que la police y exerce à l'égard des fournisseurs la même surveillance que la police de Paris emploie envers les boulangers. A Naples, on est taxé à avoir en magasin telle quantité de neige, comme en France telle quantité de farine.

Au sujet des glaces et de la consommation énorme qu'en font les Napolitains, j'ajouterai que nulle part on ne les prépare avec autant de supériorité. Les cafés de la rue de Tolède, notamment ceux de *San-Ferdinando* et *della Concezione* renferment les meilleurs glaciers du pays ; mais rien d'aussi mesquin que l'aspect et les dimensions de ces établissements, où sont étalés les ustensiles relégués ordinairement dans le laboratoire. Je n'y suis jamais entré sans être tenté de demander où était la salle destinée au public.

Dans cette même rue de Tolède, se trouvent les restaurateurs les plus estimés. La cuisine française règne à Naples ; pourtant elle n'a point détrôné le *maccaroni*, mets classique, mets indigène, également chéri des hautes classes de la société, et du peuple.

Ai-je tout dit sur Naples ? le sujet est immense, je ne l'ai pas même effleuré. Ce que je ne puis reproduire, c'est ce charme qui vous saisit, qui vous enlace à votre insu, qui vous enveloppe d'un invisible réseau, bien difficile à briser quand vient l'heure du départ. On a long-temps agité la question de savoir qui l'emportait de Rome ou de Naples ; je ne prononcerai pas dans cette grande lutte. Si M. de Chateaubriand et Lord Byron ont préféré Rome, Naples a pour elle Madame de Staël et M. de Lamartine.

D'où naît ce contraste ? — Il est facile de l'indiquer : Rome est la ville des souvenirs, de l'histoire, des ruines et du deuil ; au contraire, Naples est le séjour des fêtes, des plaisirs, du bonheur. A Rome, le passé et la grande voix des héros ; à Naples, le chant des Syrènes, leurs séductions, que l'antiquité personnifiait par le nom seul de Parthéope.

# RETOUR A ROME.

L'époque de mon retour à Rome se rattachait à une des plus grandes solennités de notre religion, à la Fête-Dieu ; les étrangers y accouraient en foule, et cette circonstance donnait au quartier du Vatican un aspect de mouvement et d'animation inaccoutumé. On avait déjà disposé la galerie tentée qui unit les portiques de la place de Saint-Pierre, et sous laquelle passe la procession. L'Eglise de Saint-Pierre, ainsi que son beau péristyle, étaient décorés avec la plus grande magnificence.

Dès l'aube du jour de cette fête splendide, les troupes pontificales occupaient les rues voisines, et leurs corps de musique, avec ceux de la garde noble du saint-père, exécutaient des symphonies. Peu à peu les portiques, où l'on avait élevé des estrades, se garnirent de dames romaines et étrangères, brillantes de toilette.

Le souverain pontife, après avoir pris le Saint-Sacrement dans la chapelle *Pauline*, descendit le bel escalier nommé la *Scala regia*. Enveloppé d'une longue chape traînante, appuyant le Saint-Sacrement sur un prie-Dieu, le Pontife était porté sur une estrade par quinze hommes vêtus de velours cramoisi. Des détachements de tous les ordres religieux, des députations de chaque paroisse composaient cette procession qui ne m'offrit de vraiment remarquable que la présence du chef suprême de l'Eglise. Il est vrai que la procession ne parcourt qu'un espace très étroit et couvert, ce qui nuit à son effet. Elle se déploierait bien plus imposante dans les grandes rues de Rome.

Peu de jours après cette fête, je commençai mes courses dans Rome, sous la direction de Monsieur l'abbé Vidal, chanoine du chapitre de *Saint-Louis-des-Français*, qui voulut bien me servir de *cicerone* et seconder mes explorations par une expérience, résultat de vingt années de séjour dans la métropole du monde chrétien.

Notre première excursion eut pour but le Capitole : en montant les degrés de l'escalier qui y conduit, je me reportai avec un vif enthousiasme aux époques où ce mont était un objet d'admiration et de terreur pour tous les peuples. Le Capitole ! que de souvenirs dans ce nom seul ! Il fut un jour où des guerriers, venus de ma patrie, entourèrent de leurs bandes victorieuses cette colline : dans cet espace borné se trouvait renfermée toute la puissance romaine.

Il me semblait entendre les cris des Gaulois à l'aspect des murailles derrière lesquelles se tenaient leurs ennemis, frappés d'épouvante par la terrible défaite de l'Allia. A la place peut-être où je venais de passer, le Brenn jeta son épée dans un des plateaux de la balance où se pesait l'or, rançon de la ville éternelle : l'épée gauloise a servi un instant de contrepoids aux destinées de Rome. Cette épée fut trouvée trop légère; César vengea la honte de son pays; mais d'autres vainqueurs devaient se presser aux pieds du capitole.

Plus terribles, plus implacables que le Brenn et ses Gaulois, ces vainqueurs ne se seraient pas contentés d'exiger la rançon de Rome, et d'emporter des monceaux d'or; heureusement que le christianisme couvrit la ville de Romulus de la croix du salut.

C'est en effet une bien haute destinée que celle d'une cité à laquelle le sort du monde semble invinciblement attaché, d'abord par le glaive et le sang, puis par la religion et les bienfaits des arts.

La place du Capitole occupe, au rapport des plus savants archéologues, l'espace nommé *Intermontium :* ce nom indique l'espace qui séparait les deux sommités de la montagne, dont la première à gauche, vers le couvent d'*Ara cœli*, formait le mont Capitolin, proprement dit; l'autre, à droite, sur l'emplacement du palais des conservateurs et de celui de la famille Caffarelli, le Mont Tarpéïen. Sur la première éminence on voyait le temple de Jupiter; sur la seconde, la citadelle qui résista à l'armée gauloise.

Le mont capitolin n'a conservé aucuns débris antiques; mais l'on peut juger, par les dimensions du palais des conservateurs et de celui des Caffarelli, de l'étendue du Mont-Tarpéïen, plus considérable que le Mont-Capitolin. Le palais Caffarelli est même assis sur le sol de l'ancienne citadelle. Quant à la roche tarpéïenne, si célèbre dans les premiers siècles de Rome, elle paraît s'être abaissée du côté des places *Montanara* et de la *Consolation*. D'après cet affaissement, commun aux autres collines, il est difficile d'apprécier la hauteur que lui donnent les historiens.

On descend du Capitole au Forum par deux rampes ; celle à gauche du palais du sénateur mène à l'arc de Septime-Sévère. C'était une des principales avenues du Capitole ; les triomphateurs la suivaient lorsqu'ils venaient rendre grâces à Jupiter. On rencontre au bas la prison Mamertine qui forme aujourd'hui l'Eglise de *Saint-Pierre in carcere*. Les criminels renfermés dans cette prison étaient divisés en deux classes, suivant leur culpabilité. Les uns étaient placés dans le premier souterrain ; les autres étaient jetés au fond du second par une ouverture dont on distingue encore des vestiges au centre de la voûte. Dans cet affreux cachot, mourut Jugurtha. Là se débattit contre les angoisses de la faim, ce prince numide qui monta sur le trône par le meurtre des deux fils de son bienfaiteur. Quelles sombres pensées devaient remplir les longues heures de son agonie! Avec quelle amertume il devait pleurer sur son royaume perdu, sur son ambition trahie, sur sa vengeance non satisfaite! La haine du nom romain faisait le fond de son existence. Mais pour adoucir ses derniers moments, il eut le sentiment de la décadence prochaine de la république. Son œil perçant avait distingué les plaies de Rome sous la pourpre du triomphe. Dans les rivalités de Marius et de Sylla, il avait pressenti ses vengeurs; les proscriptions, les massacres, l'incendie, voilà les fêtes que lui réservaient les deux généraux qui l'avaient renversé du trône. Pour Jugurtha, quelles magnifiques funérailles!

Si de pareilles idées ne l'absorbaient pas exclusivement, il devait contempler les ombres de ses victimes, il devait entendre la voix de Micipsa, lui demandant : Qu'as-tu fait de mes fils? je les avais confiés à tes soins. Deux spectres sanglants se chargeaient de répondre.

Ce cachot fut ensuite consacré par la présence de Saint-Pierre, par l'humble pêcheur que le choix du Fils de Dieu avait appelé aux plus hautes destinées, à celles de chef de son Eglise. Les Romains ne se doutaient pas en plongeant l'Apôtre dans ce gouffre, d'où il ne devait sortir que pour marcher au supplice, ils ne se doutaient pas que c'était leur vainqueur, et que bientôt pour protéger *la ville éternelle* contre les fureurs d'Attila, le souvenir du pêcheur chrétien serait plus efficace que toute la majesté des Camille et des Scipion.

Quoique la porte principale de la prison Mamertine tournât vers le Capitole, les criminels n'y entraient que du côté du forum; ils montaient par un escalier dont il ne reste plus de vestiges, mais qui occupait probablement l'impasse de la petite Église de Saint-Joseph. Cet escalier portait le nom de *Gémonies*; il recevait les corps des coupables dont les supplices étaient en rapport avec les crimes. Ces exécutions avaient lieu soit dans l'intérieur de la prison, soit sur une espèce de galerie ou de terrasse qui la précédait. L'horrible spectacle des cadavres amoncelés dans cet étroit espace pouvait contenir la multitude, en lui imprimant une juste terreur; mais il faut convenir que la perspective n'était pas agréable pour le temple de Jupiter.

L'arc de Septime-Sévère qui se trouve à peu de distance, est d'une parfaite conservation, mais on s'aperçoit en l'examinant, que l'architecture et la sculpture étaient entrées dans l'âge de décadence à l'époque où il fut construit.

D'après l'état actuel du *Campo Vaccino*, il devient assez difficile de se faire une idée exacte de l'ancien forum ; les bouleversements éprouvés par le sol, et les divergences des auteurs sur les limites de cette place célèbre contribuent à augmenter l'incertitude de l'observateur. Les uns prétendent que le forum allait jusqu'à l'arc de Titus ; d'autres l'ont restreint pour limite au temple d'Antonin et de Faustine, représenté aujourd'hui par l'église de *San-Lorenzo in miranda*.

La voie sacrée, dont on aperçoit quelques restes vers l'arc de Titus, traversait le forum, et se dirigeait par l'arc de Septime-Sévère au *clivus capitolinus* : elle était bordée d'édifices renommés ; les débris que l'on y remarque, au-dessous du Capitole moderne, appartiennent, d'après l'opinion de l'antiquaire Fea, aux temples de *Jupiter tonnant* et de la *Concorde*.

L'autre rue qui du forum conduit au Capitole, est moins riche en monuments ; on y voit la colonne érigée à l'empereur Phocas par l'exarque Smaragdus, les ruines du temple de Jupiter Stator, consistant en trois colonnes de la plus grande élégance.

L'archéologue Fea que j'ai déjà cité, prétend que le premier temple construit à Rome en l'honneur de

Vesta, s'élevait sur l'emplacement de *Sainte-Marie libératrice*, située à peu de distance. D'autres inscriptions découvertes en ce lieu, et relatives aux Vestales, ont confirmé cette opinion; mais l'église chrétienne n'a conservé aucune trace du temple païen.

C'est sur ce terrain, malgré les modifications apportées par les siècles, que l'on peut étudier avec fruit l'histoire de Rome, non l'histoire qui se borne à retracer des faits, à citer des noms, à consigner des dates; mais l'histoire intime, vivante, réelle de la société romaine, cette histoire qui reproduit les institutions, qui indique le mode d'assemblée, le système d'élection, tous ces détails si peu connus, si intéressants de l'existence antique. Mais il faut procéder par inductions, il faut deviner ce qui fut: sous un monceau de ruines, à travers les révolutions politiques et physiques, il s'agit de retrouver le fil indicateur. Quelquefois un nom suffit. Ainsi l'Eglise de Saint-Silvestre *in lacu* réveille le souvenir du lac Juturne, de cette pièce d'eau célèbre dans les premiers siècles de Rome.

Les murs que l'on remarque au pied du mont Palatin dépendaient de la *Curia Hostilienne*, où se réunissait habituellement le Sénat pour ses délibérations. Dans le même quartier se trouvait le *Comitium* où le peuple s'assemblait pour élire des prêtres et des magistrats subalternes. La tribune aux harangues s'élevait aussi à quelques pas de là : César la fit transporter plus loin. L'espace entre les monts Palatin et Capitolin offrait, avec le gouffre dans lequel se précipita Curtius, le temple de Romulus, sur l'emplacement duquel on voit aujourd'hui l'Eglise de Saint-Théodore.

L'autre côté du Forum, vers l'arc de Septime-Sévère, contenait le *Secretarium Senatûs*, la basilique *Æmilia*, et le temple de Remus : de cet édifice il ne reste qu'une porte en bronze et le vestibule circulaire qui précède l'église des Saints Côme et Damien.

Le temple de la Paix, bâti par Vespasien, figura jadis au nombre des plus imposants édifices de Rome; il est facile de s'en convaincre par ce qui est encore debout. Fea prétend que ce bâtiment formait le vestibule de la maison de Néron : mais cette idée, quelque ingénieuse qu'elle soit, ne résiste pas à un examen attentif. Dans ce temple, furent déposées les dépouilles des juifs et de différentes nations vaincues; les citoyens aussi y apportaient leurs trésors et leurs bijoux comme dans un lieu de sûreté.

C'est pas à pas qu'on doit parcourir Rome, exhumant ici un souvenir, là, une vieille tradition, cherchant la physionomie de ce peuple extraordinaire, dont l'existence publique et individuelle se mêle constamment; étrange peuple qui ne ressemble à aucun autre, qui eut toutes les vertus comme tous les vices et tous les genres de grandeur. Ou je m'abuse, ou cette Rome ainsi fouillée, intéresse beaucoup plus que cette Rome, froide et morte, que l'on nous montre dans les livres. Les monuments, voilà le meilleur moyen de remonter dans le passé.

# SUITE

## DES

# PROMENADES DANS ROME.

Le palais de Néron devait occuper une immense étendue de terrain; les jardins et les bois s'étendaient jusqu'à l'extrémité des monts Cœlius et Esquilin. Les historiens ont laissé des descriptions brillantes de cette maison gigantesque où l'or, les perles et les marbres les plus précieux avaient été prodigués avec plus de profusion peut-être que de goût. Rien n'égalait la fraîcheur et la beauté des parcs qui l'entouraient, et dans lesquels on trouvait un lac que l'on comparait à une mer. Le prince goûtait dans l'enceinte de sa demeure les plaisirs de la pêche et de la chasse. Mais il était de la destinée de cette somptueuse habitation, si justement nommée la *Maison dorée*, de survivre de bien peu à son extravagant auteur. Après les règnes éphémères de Galba, Othon et Vitellius, l'empereur Vespasien s'empressa de la détruire et de restituer aux propriétaires les terrains que Néron leur avait ravis.

C'est dans ces jardins que se passaient les fêtes du Tyran, ces fêtes qui étaient illuminées par des torches vivantes, par des hommes emprisonnés dans une enveloppe résineuse : la chair pétillait dans le cadre de feu, et les gémissements des victimes se mêlaient au chant de Néron, qui, le front couronné de roses, s'accompagnait, suivant l'expression du poète, *sur la lyre aux dix voix*.

En vérité, on ne conçoit point un tel excès de démence ; et penser que le monde se trouvait exposé comme un jouet aux mains d'un pareil prince !

Qui le croirait cependant ? c'est au nom de la philosophie de l'Histoire que l'on a expliqué la mission remplie par Néron : cette mission n'était qu'une œuvre de ruine et de destruction, exercée contre les patriciens par un tyran ombrageux. Le dernier empereur, appartenant à la famille d'Auguste, acheva d'anéantir les traces de l'ancienne société romaine ; il fit table rase, et par les supplices infligés à l'aristocratie, il fraya une large voie au triomphe de l'Evangile.

Il fallait en effet pour les besoins d'une ère nouvelle, il fallait que les vieilles races patriciennes eussent disparu des temples, du sénat, du forum. Présentes, elles eussent élevé la voix en faveur de ces Dieux, que la superstition regardait comme les protecteurs de la république. Mais le temple est bien près de s'écrouler lorsque le prêtre l'abandonne. Aussi, à mesure que des hommes nouveaux surgissaient au pouvoir, ils n'y apportaient aucune prévention contre le christianisme ; ils ne tenaient pas, eux, à des ancêtres mêlés à toutes les grandes solennités du polythéisme. Ces hommes nouveaux, ces victimes de la veille, se souvenaient encore de leurs récentes souffrances, qui leur rendaient bien douce l'idée d'une immense régénération. Or, Néron prépara l'avénement de ces hommes nouveaux : même au moment où il persécutait les chrétiens, il servait leur cause sacrée, seule ancre de salut offerte à l'humanité au milieu de tant de désastres, de ruines et de naufrages.

A la mort de Néron se rattacha d'ailleurs une profonde révolution dans l'empire. Les légions s'arrogèrent exclusivement le droit d'élire le chef de l'état. Encore une nouvelle confusion, un nouveau pêle-mêle d'idées, de plans et de projets. Le monde romain fut mis à contribution, tous les peuples fournirent un empereur, et dans ce changement d'hommes tour à tour hostiles ou favorables au christianisme, les paisibles conquérants rangés sous l'étendard de la croix firent d'immenses progrès.

Ce qu'il y a de plus intéressant à Rome, c'est la continuité de noms célèbres qui ne permettent ni indifférence, ni tiédeur, depuis Evandre jusqu'à Néron, et de Néron jusqu'à nos jours. De Néron à Evandre il y a bien des siècles à franchir, et le rapprochement a lieu de surprendre ; mais l'aspect du Mont-Palatin rappelle l'humble chef de la colonie Arcadienne qui vint s'établir sur cette colline. C'est dans M. Ballanche qu'il faut étudier l'histoire poétique de ces obscurs devanciers de la gloire romaine, du modeste berceau de l'altière cité qui devait un jour dicter des lois à l'univers connu.

Orphée reçut l'hospitalité sous le toit de chaume d'Evandre, il lui révéla le grand secret des destinées humaines. Virgile a tiré un merveilleux parti de l'existence de la colonie arcadienne ; la simplicité d'Evandre, du roi pasteur, et la grâce de son fils Pallas sont les deux plus suaves créations de ce génie qui fouilla avec bonheur, mais avec trop de réserve, dans les antiquités latines.

Ce Mont-Palatin formait donc le point central de la Rome primitive ; il tenait son nom de la cité arcadienne, de *Pallantium* dont quelques débris subsistaient encore à l'époque où Romulus y traça l'enceinte de sa ville naissante. Les avantages de cette position durent déterminer le fondateur. Plus tard, à mesure que Rome acquit de l'importance et du développement, les plus illustres citoyens tinrent à honneur d'habiter sur cette éminence. Cicéron, Catilina, Crassus y eurent des palais ; l'empereur Auguste y fixa sa résidence qui devint celle de ses successeurs. Il existe aujourd'hui bien peu de vestiges du palais impérial qui, réduit après la destruction de la *Maison dorée* à l'enceinte du Mont-Palatin, eut à subir les outrages et les dévastations des Vandales sous Valentinien et Maxime, et finit par tomber en ruines dans le neuvième siècle.

La rue étroite qui conduit au Mont-Palatin, est bordée à gauche des débris de ce palais, aujourd'hui enclavés dans le couvent de Saint-Bonaventure ; on entre ensuite dans les jardins *Farnèse*, cités jadis à cause de leur magnificence, maintenant abandonnés. Dans la partie située en face du quartier du Vélabre, ils offrent des restes du portique impérial, quelques débris d'un théâtre et plusieurs salles qui dépendaient sans doute du palais des empereurs.

En continuant d'explorer cet enclos, presque entièrement consacré à la culture potagère et surtout à celle du *finocchio* ( fenouil doux ), dont les Romains sont grands amateurs, on arrive à un petit bosquet d'yeuses et de caroubiers, qui domine agréablement le forum. Ce lieu a été long-temps occupé par l'académie des Arcades qui y tenait ses séances pastorales. Ainsi Rome moderne a renouvelé les doctes souvenirs des platanes du jardin d'Academus.

Nous voyons de même, au quatorzième siècle, les *mainteneurs de la gaie science* se réunir dans un jardin des faubourgs de Toulouse : il semble en effet, sous un ciel méridional, que la verdure et la poésie sont inséparables. Le culte des vers n'est-il pas aussi celui de la nature ? Au milieu des suaves émanations des fleurs, l'imagination doit avoir des images plus riantes, des idées plus heureuses : l'académie des Arcades a été mal inspirée en quittant sa première résidence pour se renfermer dans une triste maison, située vis-à-vis les lavoirs du pape, sous le Quirinal, dans un des plus laids quartiers de la ville.

Dans la partie supérieure des jardins Farnèse, on trouve des chambres souterraines, décorées de peintures antiques qui se détachent sur un fond d'or. L'entrée en est masquée par des touffes de verdure ; ces chambres dépendaient des bains de l'impératrice Livie. Plus loin s'élèvent quelques débris de l'Hypodrome.

La *villa Spada* occupe la cime du Mont-Palatin, et l'emplacement du palais d'Auguste construit sur les débris de celui de Romulus. Cette enceinte renferme encore trois pièces élégantes, mais dont l'origine est l'objet de plusieurs controverses. A l'extrémité du jardin, vers la partie qui domine le grand cirque, s'élevait le balcon où se plaçaient les empereurs pour assister aux jeux qui avaient lieu dans cette lice célèbre, et d'où ils donnaient le signal pour commencer ces sanglants exercices, si chers au peuple romain.

De là, l'empereur entendait les cris des victimes, lui transmettant les saluts de ceux qui allaient mourir ; de là il contemplait ces épouvantables combats, ces luttes acharnées, par lesquelles se signalait le polythéisme expirant. On ne sait en vérité comment flétrir ces joies féroces de Rome : en y pensant, on justifie presque les invasions des barbares ; ils apparaissent comme les vengeurs de l'humanité.

Du reste, rien de plus imposant que l'aspect de ces débris se dessinant sous l'azur du ciel, se détachant sur un fond de lumière dorée. Précisément les pierres et les marbres ont revêtu les plus belles teintes ; et là où le génie de la destruction a désuni le ciment qui les joignait, la nature a jeté un manteau de fleurs et de verdure.

En me dirigeant vers le Vélabre, je visitai le temple de Romulus, dont je me suis déjà occupé en parlant de l'église de Saint-Théodore, construction moderne qui doit reproduire la forme et les dimensions de l'ancien édifice.

Voici dans le quartier du Vélabre l'arc de Janus *Quadrifons*, monument d'un style élégant qui ornait le forum boarium et servait de halle et de lieu d'abri. Une suite d'arceaux modernes conduit ensuite au grand cloaque, œuvre gigantesque terminée par

Tarquin-le-*Superbe*, et que l'on regarde comme une des merveilles de Rome. Ce canal, formé d'énormes blocs de pierre juxtaposés ou superposés, sans aucun ciment, étonne par sa hardiesse. Il était destiné à transporter dans le Tibre les immondices de la ville; on en voit encore l'embouchure auprès du temple de Vesta.

Le Vélabre, jadis si animé, si populeux, est aujourd'hui un des quartiers les plus déserts de Rome; en traversant les rues solitaires qui le composent, on arrive à la place *Bocca della verità*, où s'élève le joli temple de Vesta, que l'on aime tant à voir reproduit dans les tableaux et dans les mosaïques. Sur la même place se trouve l'église de sainte-Marie *in cosmedin*, construite, selon l'opinion de quelques archéologues, sur l'emplacement du temple de la *Pudicité Patricienne*, mais plus vraisemblablement sur celui de l'ancienne *Schola Cassii*, devenue plus tard l'École grecque.

Là, saint Augustin professa la rhétorique; on montre la chaire de ce grand homme. A cette époque, il flottait encore dans les erreurs des passions et dans les déplorables principes du manichéisme; mais sous le rapport littéraire son génie brillait du plus vif éclat. A cet égard, le jeune africain était moins hérétique que les enfants de Rome. Aucun d'eux ne sentait aussi vivement que lui les beautés de Virgile; sa parole entraînante, douée de ce charme qui séduit et qui provient d'une sensibilité vraie, achevait de faire valoir les grâces rêveuses et les inspirations mélancoliques du cygne de Mantoue.

Au pied de cette chaire où venait s'asseoir l'illustre professeur, je me plongeai avec bonheur dans le passé ; il me semblait l'entendre venant révéler à un auditoire enthousiaste les secrets de la poésie grecque et latine ; je croyais entendre les styles courant sur le papyrus avec un léger frémissement pour recueillir les rapides aperçus, les traits ingénieux, les images pénétrantes qui tombaient à flots pressés des lèvres d'Augustin. Mais ces succès, ces triomphes, ces longs appaudissements lui donnaient-ils la paix du cœur? De tristes souvenirs, d'amères pensées, de pénibles doutes ne venaient-ils pas l'assiéger jusque dans cette chaire qui ne pouvait le défendre contre les orages des passions ? Cette âme d'élite devait sentir là tout le vide, tout le néant de la gloire que dispensent les hommes.

Que de fois, au milieu de ces brûlantes improvisations, il dut penser aux jours de son enfance, aux pieuses exhortations de sa mère! Comme sa poitrine haletante devait aspirer aux sources divines où s'étancherait cette soif que n'avaient pu apaiser ni la science, ni la célébrité, ni les plaisirs !

Entraîné par cette inquiétude, par ce malaise, noble tourment d'une nature supérieure, il quitta bientôt Rome pour Milan où il entendit la voix de saint Ambroise qui le conquit aux célestes vérités du christianisme.

Je le répète, chaque pas dans Rome évoque de pareils souvenirs : histoire, poésie, arts, religion, tout se concentre dans cette cité à laquelle semblent attachées les destinées de l'humanité. Pas une gloire qui ne grandisse sur ce sol privilégié.

Le nom de *Bocca della verità* donné à la place sur laquelle s'élève l'église qui remplace l'Ecole de Saint-Augustin, ce nom vient d'une statue que l'on y trouva : cette statue appelée *Mascherone* broyait, dit-on, la main de celui qui se parjurait, tenu qu'on était de mettre les doigts dans la bouche du *Mascherone* lorsqu'on prononçait un serment.

Sur les bords du Tibre, on voit à peu de distance une maison dont l'architecture bizarre attire les regards ; elle se trouve en harmonie avec le personnage qui l'habita. Nommer Colas di Rienzi, c'est rappeler un homme qui a joué un plus grand rôle qu'il ne le méritait. Né de parents obscurs, à Rome, il manifesta dès son enfance les plus heureuses dispositions à l'étude. Ses succès répondirent à ses espérances et à ses efforts. Il devint un des plus grands orateurs du quatorzième siècle : au milieu des monuments de Rome et des souvenirs des temps antiques, il demandait des inspirations à tout ce qui l'entourait. C'est par le tableau du passé qu'il cherchait à ranimer chez ses concitoyens l'amour de la liberté. Le Saint-Siége résidait alors à Avignon ; et l'absence des souverains pontifes, en favorisant les projets et la tyrannie de la noblesse romaine, donnait à Rienzi des moyens de succès. Il annonça ouvertement l'intention d'établir ce qu'il appelait le *buon stato*, une utopie de justice et de paix, rêve mensonger qu'il était impossible de réaliser, car les vertus que peignaient ses paroles n'avaient point de racines dans son cœur.

Pourtant il sut conquérir d'illustres amitiés : à la tête des hommes supérieurs qui, pendant quelque temps, eurent foi au génie et à la fortune de Rienzi, il faut placer Pétrarque. Sans doute, le patriotisme du poète, son ardent désir de voir Rome renaître et ressaisir son antique influence, peut-être encore l'éloquence du Tribun, tels furent les motifs de l'enthousiasme du poète. Cet enthousiasme se dissipa.

Après avoir exercé sous le nom de Tribun un pouvoir sans bornes, après avoir été choisi pour médiateur par l'empereur d'Allemagne dans ses démêlés avec le Saint-Siége ; pour juge par le roi de Hongrie au sujet du meurtre de son frère, l'infortuné André, victime de Jeanne de Naples, Rienzi succomba sous les coups d'un homme du peuple, lui, enfant du peuple, qui n'avait poursuivi la réalisation de la république que dans des vues d'intérêt personnel. En 1354 s'éteignit ce météore trompeur, dont l'éclat séduisit un instant ses contemporains, qui le jugèrent bientôt comme l'a fait depuis la postérité.

L'île du Tibre ne renferme rien de remarquable : s'il faut en croire les historiens, l'origine de cette île serait assez singulière. D'après leur récit, à la suite de l'expulsion des Tarquins, le peuple dévasta les propriétés du tyran, et jeta dans le fleuve les javelles qu'il en avait enlevées. Ces gerbes ayant été successivement recouvertes de sable, formèrent le noyau de l'île qui s'accrut ensuite au moyen des ouvrages exécutés pour la mettre à l'abri des ravages des eaux, et pour y fixer les alluvions.

On sait que Rome étant désolée par la peste, l'an

461 de sa fondation, des députés furent envoyés à Epidaure pour consulter Esculape sur les moyens de faire cesser le fléau : les prêtres d'Epidaure remirent aux députés romains un serpent, symbole du dieu de la médecine, mais que ces derniers prirent pour le Dieu lui-même. Or, le reptile s'étant sauvé dans cette île, au moment où abordait le navire, on lui éleva un temple avec un hospice pour les pestiférés. Afin de perpétuer le souvenir de cet événement, que la superstition romaine regarda comme miraculeux, on entoura l'île d'un mur qui dessinait les contours d'un vaisseau ; des obélisques figurèrent les mâts. En descendant sur les bords du fleuve, derrière l'église de Saint-Barthélemy, on peut voir encore des restes de la poupe de ce singulier navire.

Le *Trastevere* n'offre pas davantage en objets d'antiquité, mais ce quartier se recommande par les grands souvenirs qu'il réveille. Effectivement le prestige des lieux donne un corps aux récits de l'histoire ; ici, Horatius Coclès arrêtait une armée à la tête du *Pont Sublicius* ; sur l'autre rive campait l'armée de Porsenna ; en ce lieu Clélie traversa le fleuve pour s'échapper du milieu des Etrusques ; c'est là, sur le Janicule, que Mutius Scævola accomplit cet acte de courage stoïque qui devait illustrer son nom ; et dans des temps plus rapprochés de nous, de ce même pont Sublicius, les tyrans Commode et Héliogabale furent précipités dans le Tibre.

Au milieu de ces pensées, je gravissais le Janicule, éminence célèbre dans l'histoire primitive du Latium. A cette époque reculée dont les traits se confondent avec les fictions et les mensonges de la Fable, Saturne, chassé du ciel, reçut ici de la part du roi Janus la plus généreuse hospitalité, puisque ce prince partagea avec son hôte la puissance souveraine, et l'établit sur le mont Capitolin qui portait, en effet, le nom de Mont de Saturne. Le règne de ces deux princes est chanté par les poètes comme un âge d'or, éternel objet d'envie et de regrets pour la postérité.

En continuant mes explorations du côté du Mont-Palatin, j'arrivai à l'intervalle qui le sépare du Mont-Aventin : cet espace est occupé aujourd'hui par des prairies et des jardins. L'étranger qui visiterait ce vallon sans guide, serait loin de se douter qu'il foule le grand cirque, le théâtre de l'enlèvement des Sabines sous le règne de Romulus. De cette enceinte, qui pouvait contenir des centaines de milliers de spectateurs, ne subsistent que quelques masses informes en briques du côté du moulin de la

*Moletta*. Il est facile, dans l'examen des terrains environnants, de reconnaître les vestiges des anciens gradins. Chaque ondulation du sol a sa révélation; il suffit de savoir l'interroger, et l'on s'explique de cette manière toute la configuration du cirque, dont les siècles n'ont pu faire entièrement disparaître les anciennes dispositions.

# PROMENADES

# ARCHÉOLOGIQUES.

---

Des recherches d'abord insignifiantes s'animent, se vivifient, se poétisent à mesure que l'on pénètre plus avant dans les mystérieuses beautés de Rome : les découvertes, les résultats, les sensations qui signalent, pour ainsi dire, chaque pas, finissent par identifier l'observateur avec les lieux qu'il parcourt. On comprend alors l'existence de ce Français que quarante années de séjour ont rendu le fils adoptif de la ville de Romulus, et qui n'a pu s'en détacher. On apprécie le sentiment qui y ranimait invinciblement notre Poussin, le peintre philosophe qui s'était cru exilé sous les lambris du Louvre, et n'avait aspiré qu'à revoir Rome, la ville selon son cœur. Partout ailleurs, il n'existait pas ; l'air lui manquait, l'inspiration se dérobait à son pinceau. A Rome, il faut surtout considérer le charme du contraste : la ville moderne avec sa physionomie religieuse, avec les mœurs de sa population, achève de faire ressortir le caractère de la cité antique.

Au fait, le contraste entre le passé et le présent détache comme en un relief prononcé le charme du séjour de cette ville extraordinaire. Des voyageurs se plaignent de n'y pas rencontrer le mouvement, la gaieté, les plaisirs de Paris ou de Naples. Quelle erreur ! Rome doit être ainsi, sous peine de renier son histoire, de se déshériter elle-même.

Voyez aussi comme notre grand écrivain, comme M. de Chateaubriand a rivalisé avec Poussin. Au milieu de ses diverses fortunes et de ses divers voyages, pèlerin de la poésie ou représentant de la France, toujours il a éprouvé pour Rome les mêmes sentiments qui lui ont dicté son admirable lettre à M. de Fontanes. Je ne les reproduirai point ces magnifiques pages de sa jeunesse ; ce serait faire injure à mes lecteurs, mais voici une lettre moins connue et d'une date récente qui ne peut manquer d'exciter le plus vif intérêt. M. de Chateaubriand, ambassadeur auprès du Saint-Siége, l'écrivait à une dame qui a été son Égérie.

« Rome, jeudi 5 février 1829.

« *Torre Vergata* est un bien de moines, à une lieue du tombeau dit de Néron, assez près de l'ancienne Véies, dans l'endroit le plus beau et le plus désert. On a en face les montagnes de la Sabine, à gauche une vallée profonde, et l'on aperçoit à droite, par-dessus des collines arrondies, le dôme de Saint-Pierre. Là est une immense quantité de ruines à fleur de terre, recouvertes d'herbes et de chardons. J'y ai commencé une fouille, avant-hier mardi, en cessant de vous écrire ; j'étais accompagné seulement de M. Visconti, qui dirige la fouille, et de mon secrétaire : il faisait le plus beau temps du monde. Cette douzaine d'hommes armés de bêches et de pioches, qui déterraient des tombeaux, des décombres de maisons et de palais, les restes de la civilisation dans

15

une profonde solitude, offrait un spectacle digne de vous.

« Je faisais un seul vœu, c'est que vous fussiez là ; je consentirais volontiers à vivre sous une tente au milieu de ces campagnes incultes. J'ai mis moi-même la main à l'œuvre ; j'ai découvert des fragments de marbre : les indices sont excellents, et j'espère trouver quelque chose qui me dédommagera de la mise perdue à cette loterie des morts.

« J'ai déjà un bloc de marbre grec assez considérable pour faire le buste du Poussin, et le bras d'une statue, enfoui auprès du squelette d'un soldat goth; le destructeur gisait avec la ruine. Cette fouille va devenir le but de mes promenades. A quel siècle, à quels hommes appartiennent ces débris ? nous troublons peut-être la poussière la plus illustre sans le savoir. Une inscription viendra peut-être éclairer quelque fait historique, détruire quelque erreur, établir quelque vérité. Et puis quand je serai parti avec mes douze paysans demi-nus, tout retombera dans l'oubli et le silence.

« Vous représentez-vous les passions, les intérêts qui s'agitaient autrefois dans ces lieux abandonnés? Il y avait des esclaves et des maîtres, des heureux et des malheureux, de belles personnes qu'on aimait, des ambitieux qui voulaient être ministres : il y reste quelques oiseaux et moi, encore pour un temps fort court; nous nous envolerons bientôt. Dites-moi, croyez-vous que cela vaille la peine d'être membre du conseil d'un petit roi des Gaules, moi, barbare de l'Armorique, voyageur chez des sauvages d'un monde inconnu aux Romains, et ambassadeur auprès d'un de ces prêtres qu'on jetait aux lions? Quand j'appelai Léonidas à Lacédémone, il ne me répondit point : le bruit de mes pas à *Torre Vergata* n'aura réveillé personne. Et quand je serai, à mon tour, dans mon tombeau, je n'entendrai pas même le son de votre voix. Il faut donc que je me hâte de mettre fin à toutes ces chimères de la vie des hommes. Il n'y a de bon que la retraite, et de vrai, qu'un attachement comme le vôtre.

CHATEAUBRIAND. »

Qu'ajouter après ce touchant hommage, si digne de celui qui en est l'objet, et de celui qui, après un laps de deux siècles, acquitte la dette de la France? Voilà de ces souvenirs que l'on trouve à Rome; voilà des émotions qui font de cette ville illustre une résidence remplie de charmes pour les amis des arts.

Maintenant, je continue le cours de mes promenades : en suivant la direction de la porte Saint-Sébastien, je rencontre d'abord des débris de la *Piscine publique*, puis des restes imposants des Thermes de Caracalla. Ces Thermes, d'après le témoignage des historiens, pouvaient contenir à la fois plus de deux mille baigneurs. Ælien a relevé surtout le mérite de la salle principale que l'on nommait *Cella Solearis*, et dont la voûte plate était liée par des grilles de bronze du plus beau travail.

A gauche s'élève le tombeau des Scipions, monument découvert seulement depuis 1780. En parcourant les corridors sombres et tortueux de ce tombeau, l'imagination se retrace les actions des grands hommes qui furent ensevelis dans cette espèce de labyrinthe, et dont le souvenir a si heureusement inspiré la brillante imagination du comte Alexandre Verri. On croit voir apparaître leurs ombres, on les entend converser dans ce langage noble et fier que leur prête l'ingénieux auteur des *Nuits romaines*.

La plupart des épitaphes qui décoraient ces tombeaux ont été transportées dans le Musée du Vatican, avec le sarcophage de Lucius Scipio Barbatus, le vainqueur des Samnites ; mais des copies de ces inscriptions ayant été mises, par les soins du gouvernement, à la place des originaux, il en résulte que l'on peut s'occuper de la recherche des tombeaux que renferme ce souterrain, et en reconnaître un certain nombre avec certitude.

Si de ce point je me dirige vers le Mont Cœlius, je m'arrête pour admirer l'arc de Constantin, d'une architecture plus légère et plus élégante que celui de Septime-Sévère, mais que l'on croit antérieur au premier empereur chrétien. En effet, les bas-reliefs donnent à penser que ce monument fut d'abord érigé en l'honneur de Trajan; plus tard il fut consacré à Constantin, et on y ajouta des sculptures qui se rapportent à la prise de Vérone et à la bataille de *Ponte-Molle*.

A peu de distance il faut examiner l'église de Saint-Etienne-*le-Rond :* elle n'a rien d'antique quoique on l'ait prise pour un temple de Bacchus ou de Faune; c'est la forme des bâtiments qui a inspiré cette idée. Il est probable que le pape Adrien 1$^{er}$, qui la fit construire, y employa les matériaux de l'ancien temple de Claude, dont l'architecte suivit la forme et la disposition.

Les Thermes de Titus méritent un examen plus attentif: les délicieuses peintures qui les décorent rappellent les plus belles fresques du temple de Vénus à

Baies. Agrandis successivement par Domitien, Trajan et Adrien, ces thermes furent établis sur l'emplacement de la maison de Mécène que Néron ajouta à son palais ; c'est de ce lieu que le tyran suivait les progrès de l'incendie de Rome allumé par ses ordres. Ce tableau a trouvé un peintre dans M. Victor Hugo. Qu'il me soit permis de rappeler ici quelques vers de ce *chant de fête*, où respire l'âme de Néron.

Venez : Rome à vos yeux va brûler tout entière.
J'ai fait sur cette tour apporter ma litière
Pour contempler la flamme en bravant ses torrents.
Que sont les vains combats des tigres et de l'homme ?
Les sept monts aujourd'hui sont un grand cirque où Rome
  Lutte avec les feux dévorants.

C'est ainsi qu'il convient au maître de la Terre
De charmer son ennui profond et solitaire ;
Il doit parfois lancer la foudre comme un Dieu :
Mais venez : la nuit tombe, et la fête commence ;
  Déjà l'incendie, hydre immense,
Lève son aile sombre et ses langues de feu.

. . . . . . . . . . . . . . . . . . . . . . . . . . . . . .
. . . . . . . . . . . . . . . . . . . . . . . . . . . . . .

Enfant, on me disait que des voix sybillines
Promettaient l'avenir aux murs des sept collines ;

Qu'aux pieds de Rome enfin mourrait le temps dompté ;
Que son astre immortel n'était qu'à son aurore. . . .
Mes amis, dites-moi combien d'heures encore
   Doit durer son éternité ?


Fier capitole, adieu ! Dans les feux qu'on excite,
L'aqueduc de Sylla semble un pont du Cocyte.
Néron le veut : ces tours, ces dômes tomberont.
Bien ! sur Rome, à la fois, partout la flamme gronde :
   Rends-lui grâce, reine du monde !
Vois quel beau diadème il attache à ton front !

. . . . . . . . . . . . . . . . . . . . . . . .

. . . . . . . . . . . . . . . . . . . . . . . .

Qu'un incendie est beau lorsque la nuit est noire !
Erostrate lui-même eût envié ma gloire.
D'un peuple à mes plaisirs qu'importent les douleurs ?
Il fuit : de toutes parts la flamme l'environne.
   Otez de mon front ma couronne,
Le feu qui brûle Rome en flétrirait les fleurs.

. . . . . . . . . . . . . . . . . . . . . . . .

Je détruis Rome afin de la fonder plus belle :
Mais que sa chute au moins brise la croix rebelle.
Plus de chrétiens : allez, exterminez-les tous.

Que Rome de ses maux punisse en eux les causes ;
Exterminez. — Esclave, apporte-moi des roses :
Le parfum des roses est doux !

A cette épouvantable page des annales de Rome, les mêmes lieux en unissent une autre, également faite pour exciter l'indignation de tous les cœurs généreux. Là, se trouvait la *Voie Scélérate*, témoin du crime d'une fille dénaturée.

Tarquin-le-Superbe avait soif de la puissance souveraine, il voulait monter sur le trône ; mais l'amour du peuple avait défendu Servius Tullius contre les coupables projets de son gendre. Pendant les moissons qui éloignaient les classes populaires de la ville, Tarquin renouvela ses tentatives. Ses promesses et ses présents avaient gagné les patriciens ; il se rend au sénat, il monte sur le trône, il se pare des attributs de la royauté.

Servius Tullius est averti de l'usurpation de Tarquin ; le vieillard vient au milieu des Sénateurs ; il espère dissiper de criminels desseins par la double majesté de la royauté et de la vertu. L'infortuné, repoussé avec force par son fils adoptif, roule le long des degrés de l'escalier du Sénat, et va tomber pâle, sanglant, entre les mains de quelques serviteurs dévoués qui l'entraînent ; mais des meurtriers suivent la faible escorte ; Servius Tullius reçoit le coup mortel. Il palpitait encore, lorsqu'à l'entrée de la rue paraît un char emporté par deux coursiers fougueux qu'excite une femme échevelée. C'est Tullie qui court au Sénat, qui vient féliciter son époux : le cocher a voulu détourner les chevaux pour ne pas fouler sous les roues de son char le corps du père de Tullie. — Qu'importe ! lui dit la digne compagne de Tarquin, c'est un degré du trône.

En mémoire du parricide, cette rue reçut le nom de *Scélérate*.

De là on va sur le Mont-Esquilin pour visiter dans une vigne les débris de l'immense réservoir qui alimentait les Thermes de Titus ; ce réservoir n'est pas moins curieux que les Thermes ; on le nomme vulgairement les *Sept Salles*. Il est formé de briques, revêtues d'un enduit très dur, fortifié d'ailleurs par les couches de sédiment que les eaux y ont déposées peu à peu.

Les Thermes de Dioclétien étaient encore supérieurs en beauté ; on peut en juger par les ruines imposantes que l'on voit sur la place *de' Termini*, et qui se trouvent identifiées avec les murs de la Chartreuse. C'était le plus vaste établissement de ce genre qui existât à Rome : on y voyait des portiques, des galeries, des salles d'études et de jeux, ainsi que des promenades charmantes. La plupart des colonnes et pilastres ont été utilisés dans la construction du monastère, qui s'est ainsi approprié la plus grande partie de l'ancien édifice. Lorsque Dioclétien, démentant les premières années de son règne, et souillant à plaisir sa gloire, faisait travailler dans cette enceinte les malheureux chrétiens avec une inflexible cruauté, il ne prévoyait pas qu'il préparait des matériaux pour l'érection d'un monument en l'honneur du culte, objet de ses persécutions. L'église de la Chartreuse, plus connue sous le nom de *Sainte-Marie des Anges*, est formée de la *Pinacotheca*, ou principale salle des Thermes, où l'on exposait les objets d'art. Elle est décorée d'excellents ouvrages des peintres français, Subleyras et Trémolière ; on y remarque aussi les tombeaux de Salvator Rosa et de Carle Maratte.

Derrière ces Thermes était assis le camp des Prétoriens, dont il n'existe plus que l'enceinte confondue avec les remparts actuels de Rome. En sortant par la porte *Pie*, on peut examiner ce mur, et découvrir quelques vestiges de ce camp, l'effroi des empereurs, où Didius Julianus vint acheter l'empire aux enchères.

Voici dans quels termes un de nos plus profonds écrivains a rendu compte de cette scène.

. . . . . « Transportons-nous dans le camp de la Garde Prétorienne, fille d'Octave et de Tibère, dans ce camp, asile de sybaritisme et d'orgueil, de turbulence soldatesque et de langueur citadine ; où circulent les libres propos, les mépris familiers sur les dieux de l'empire ; où se vend sur un bouclier, aux coups d'épée d'un centurion transformé en crieur, la couronne des Césars. Quand la tête de Pertinax était promenée dans le camp au bout d'une pique, Sulpicianus, son gendre, envoyé d'abord pour calmer la sédition, y plaidait lui-même sa cause comme héritier, et marchandait l'empire ; mais il n'offrait pas assez, et les avides soldats couraient les remparts en appelant un enchérisseur.

« Cependant non loin de là, un vieux sénateur gourmand dîne avec ses parasites. On parle, comme par distraction de table, du singulier encan ; et flatteurs de s'écrier que Julianus seul est assez riche et digne de l'empire. Et il prend la flatterie au sérieux, et il accourt avec des sacs d'or, entouré de sa troupe de flatteurs gorgés de viandes et de vin ; et il met enchère au pied du rempart, et on lui adjuge la couronne. Une heure après, on le mène à travers les rues désertes et en ordre de bataille jusqu'au sénat. On y bat des mains à la liberté de l'élection ; puis le nouvel Auguste entre au Quirinal. Le cadavre mutilé de Pertinax et le frugal repas préparé pour son soupé frappent ses yeux. Il regarde un moment avec indifférence, avec mépris, ordonne une fête, joue aux dés, s'amuse des pirouettes d'un danseur célèbre. Mais dans son jeu, dans l'ivresse des instruments et des flatteries de la foule, le spectre de Pertinax est là comme l'ombre de Banco : ses yeux ne peuvent trouver le sommeil ; lui aussi apparemment a prévu son sort. »

# RÉFLEXIONS HISTORIQUES.

Quand on réfléchit à de semblables circonstances, se reproduisant fréquemment dans l'histoire de Rome, on est étonné que son agonie ait été aussi longue ; on conçoit difficilement l'existence d'un état ainsi frappé au cœur. Mais à toutes les époques, même dans les plus brillantes des annales romaines, il y a toujours quelque chose d'exceptionnel dans cette ville et dans ce peuple qui semblent jetés hors du moule de l'humanité. En effet, dès son berceau, Rome n'a aucune analogie avec les autres sociétés, c'est un type à part, c'est un phénomène qui étonne, lorsqu'il n'épouvante point.

Prenez siècle par siècle, déroulez anneau par anneau la chaîne des temps, partout les plus étranges, les plus bizarres anomalies. D'abord, une monarchie avec des institutions aristocratiques, démocratiques, et un chef électif ; une monarchie purement militaire, et le citoyen sortant du forum pour entrer dans le camp. Puis, les formes monarchiques abolies, une république aristocratique avec deux magistrats annuels, pris dans les rangs des Patriciens, et la faculté de suffrages laissée aux Plébéiens ; faculté presque illusoire, malgré la supériorité de leur nombre : car la religion présidait à tous les actes de la vie publique des Romains ; et la religion n'avait d'autres interprètes que les Patriciens.

Cependant le peuple lutte pour conquérir quelques priviléges, il se retire au Mont-Sacré, se crée un culte, un dieu de sa race, et obtient des tribuns, sentinelles vigilantes chargées de le défendre. Dèslors, la lutte se régularise : si les Patriciens ont les grandes charges consulaires, le *veto* du Tribunat assure aux Plébéiens une immense force d'inertie.

Les orages et les convulsions du forum entravent la politique et les armes de Rome ; enfin la solde militaire est instituée, et une nouvelle énergie vient animer ce grand corps. Les légions succombent à la journée néfaste de l'Allia ; les Gaulois et leur Brenn menacent d'une destruction complète la ville altière qui s'était promis l'empire du monde. A peine échappés à ce danger, les Romains multiplient leurs ressources, ils s'organisent pour la victoire, et leurs conquêtes s'étendent de jour en jour, embrassant l'étendue de la Péninsule.

Désormais l'Italie est trop étroite pour les contenir ; ils se jettent dans la Sicile où ils rencontrent les soldats mercenaires de Carthage. Etre ou n'être pas, voilà la terrible question débattue entre les deux cités rivales. Amilcar et Regulus, Annibal et Scipion, quels hommes ! quelle lutte de géants !

L'opiniâtre génie du Capitole l'emporte sur la riche colonie tyrienne ; mais avant de succomber, Carthage menace Rome au cœur de sa puissance. Annibal, en Italie, est un de ces grands faits qui prouvent tout ce que peut un homme supérieur.

Désormais la république s'acharne sur les ruines

de Carthage, puis elle tourne ses armes contre la Grèce, qu'elle a appris à combattre en repoussant les impétueuses attaques de Pyrrhus. L'Asie a le sort de l'Afrique; l'Egypte, celui de la Grèce.

Quelques adversaires se lèvent encore pour protester au nom de l'indépendance du genre humain. Quelques grandes figures viennent arrêter l'essor de Rome : c'est Mithridate, c'est Jugurtha, c'est Philoppœmen. Mais la lutte est trop inégale : partout l'emportent l'influence et l'ascendant attachés au Capitole.

Alors, Rome se déchire de ses propres mains ; alors surgissent Marius et Sylla, auxquels succédèrent César et Pompée. La Gaule n'est pas soumise, elle courbe la tête sous le génie du grand Jules. C'en est fait : le monde appartient aux Romains.

Encore des factions, des luttes, des guerres civiles. Le poignard de Brutus frappe le grand Jules ; mais Brutus se trompe d'époque : il croit encore à la république, aux antiques mœurs ; et il ne voit pas que tout est changé, que patriciens et plébéiens se ruent à l'envi sous les lois d'un maître. Il expie bientôt son rêve d'un moment, et le monde devient la proie d'Octave, d'Antoine et de Lépide.

Octave écarte ses collègues, ouvre une nouvelle

époque ; les peuples fatigués l'acceptent, ils veulent se reposer. Avec Auguste commencent les destinées de l'empire que vont déchirer les Barbares, mais que le christianisme sauvera sur le penchant de sa ruine, en préservant les débris de la civilisation, en soumettant à ses lois divines ces mêmes Barbares qui ne rêvent que destruction.

Tandis que les tyrans se succèdent sur le trône des Tibère et des Néron, tandis que quelques princes généreux interrompent cette série de monstres couronnés, comme pour prouver que la vertu ne meurt jamais, même au milieu des temps les plus désastreux ; pendant que ces événements s'accomplissent, le christianisme multiplie ses conquêtes et prépare les éléments de son triomphe. Si la Palestine est son berceau, Rome devient son sanctuaire. Vainement, saint Pierre est tombé victime du bourreau ; l'ardeur du zèle qui l'anima a passé dans le cœur des hommes dévoués qui reçoivent tour-à-tour son bâton pastoral et le pouvoir de lier et de délier, en attendant de ceindre comme lui la couronne du martyre.

Une autre Rome s'offre à nos regards. En face de Rome impudique, féroce, avilie, de Rome impériale se ruant aux jeux du cirque, applaudissant aux dernières convulsions des victimes, achetant avec de l'or les Barbares qu'elle ne sait plus repousser avec le fer ; en face de Rome livrée aux orgies, à la débauche, ivre de vin et de sang, voici Rome chrétienne, la Rome des catacombes et des premiers confesseurs, de ces humbles pontifes qui priaient pour leurs persécuteurs, et s'offrant en hostie expiatoire pour détourner le courroux céleste, appelaient les bénédictions de Dieu sur la ville et sur le monde.

Cette Rome des catacombes, des confesseurs, des martyrs, des évêques, successeurs de saint Pierre, n'a pas encore été assez étudiée. L'histoire n'en a pas apprécié toutes les harmonies, elle n'a pas proclamé assez hautement que là et point ailleurs résidait l'avenir du monde.

Vienne Constantin, préparé à recevoir la semence féconde de l'Evangile, et par la douce autorité de sa mère, et par les vertus de son père Constance-Chlore ; vienne Constantin, il achèvera de renverser les autels des idoles, il abaissera l'étendard de l'empire devant l'humble étendard des chrétiens, et la croix lui donnera la victoire. Mais une fois délivré de ses rivaux, seul maître de l'empire, Constantin abandonne Rome, et porte dans une autre cité le siége du pouvoir. Rome cesse d'être la Métropole de l'univers ; Byzance la remplace et reçoit le nom de Constantinople.

A la mort de Constantin, Rome ressaisit une partie de ses droits avec le titre de Capitale de l'empire d'Occident. Cependant s'affaiblit ce grand corps ; Constantinople, d'abord plus heureuse, échappe aux coups des Barbares ; Rome est saccagée par les Goths que conduit Alaric. Attila et les Huns la menacent ; un pape la sauve et écarte le *fléau de Dieu*. C'en est fait de l'empire d'Occident : Rome n'est plus qu'une province de l'empire d'Orient, elle n'a pas même un gouverneur ; l'exarque de Ravenne lui dicte des lois. Heureuse circonstance, qui prépare le développement de l'autorité du Saint-Siége, autorité d'abord menacée par les continuels empiétements d'une noblesse turbulente et par les armes des Lombards.

Alors Dieu suscite pour appui à son Eglise le glaive des Franks. Le fils du héros qui, dans les plaines de Tours et de Poitiers, avait vaincu l'émir Abdérame, venant imposer le Koran à l'Europe, le fils de Charles Martel, Pepin-le-Bref, passe les Alpes aux cris de détresse du Souverain Pontife, et des dépouilles des Lombards et des Grecs fonde le patrimoine de Saint-Pierre. Rome ne jouit pas seulement d'un titre illusoire ; elle est réellement la métropole de la chrétienté, métropole indépendante où se prépare cet immense pouvoir qui va bientôt façonner l'Europe à l'unité catholique.

Charlemagne confirme l'œuvre et les dons de son père ; mais le pape s'acquitte envers le monarque en déposant publiquement sur sa tête la couronne impériale ; le trône d'Occident se relève. Ce trône est ensuite occupé par la branche germanique, et une grande lutte s'établit entre le pontife et l'empereur. L'épée des Normands sert la cause du Saint-Siége, comme l'avait jadis servie l'épée des Franks. Puis éclatent les déchirements des guerres civiles ; Rome cesse d'être la résidence des Papes ; la France les retient dans une honorable captivité. Avignon hérite des priviléges de la ville éternelle, la captivité de Babylone a son terme, et Rome ajoute à toutes ses illustrations la palme des arts.

Dans ses destinées toujours de la gloire, toujours de l'éclat : jusque dans notre dix-neuvième siècle, Napoléon qui envie pour son fils le titre de roi de Rome, qui ressuscite ce nom aboli depuis Tarquin-le-Superbe, et qui dans les intérêts de son ambition dépouille le Saint-Siége.

Depuis Romulus jusqu'à Napoléon, pendant cette

longue suite de siècles, à travers tant de péripéties, de catastrophes, de combats, quelle histoire que celle de cette ville dont rien n'a pu briser le mystérieux ascendant! Et si, des faits politiques et militaires on passe au mouvement des arts, aux travaux de l'intelligence, aux chants de la poésie, les hommes et les choses ne sont pas moins extraordinaires.

La chaîne des traditions n'ayant pas été brisée, l'idiome moderne reproduisant le génie de l'idiome antique, conservé d'ailleurs dans les cérémonies de la religion, dans tous les actes du gouvernement pontifical, il en est résulté un ensemble, une harmonie, une conséquence que l'on chercherait vainement dans d'autres contrées et chez d'autres peuples.

Aussi, que l'on vienne au pied des sept collines, dans l'enceinte du Colysée, en face de la colonne Trajane, sur les débris des édifices construits par Tarquin-*l'ancien*; que l'on vienne y méditer Salluste ou Tite-Live, on croira voir apparaître les grandes ombres des héros dont ces historiens racontent les hauts faits, reproduisent les imposantes physionomies.

Le passé se ranime, on oublie le laps des siècles,

on retourne en arrière ; et si la voix d'un mendiant qui implore la pitié du voyageur vient à interrompre son rêve, à détruire son illusion, il retrouve ce rêve et cette illusion en contemplant les traits du descendant des anciens Romains.

Où est la cité, dont les annales ne pâlissent pas devant de pareils souvenirs ?

Le Capitole et le Vatican, ces deux édifices dans lesquels se résument les destinées romaines, ou pour mieux dire les destinées du monde antique et du monde moderne, le Capitole et le Vatican ont des enseignements palpables, vivants, qui vous saisissent, qui vous enveloppent. A mesure que vous vous égarez dans le labyrinthe de l'histoire, à mesure que vous ne comprenez plus la marche de l'humanité, voilà deux phares qui vous guident, et vous révèlent l'énigme.

Quel enchaînement providentiel dans cette succession de faits et d'institutions, si divers et pourtant si uniformes, si conséquents dans les résultats ! Aux mêmes lieux, sur la même colline, Scipion, Marius, Jules César, Trajan ; puis Grégoire VII, Innocent III ! Quand la force matérielle succombe, l'intelligence règne.

Que d'autres comptent une à une les ruines de

Rome, qu'ils dénombrent ses richesses et ses pertes; elle doit être telle, il faut qu'elle soit ainsi la ville-reine, la métropole de deux civilisations.

Ces deux civilisations se sont rencontrées là dans ce qu'elles avaient de plus grand ; et pour lien commun elles ont le charme des arts qui semblent là sur leur terre de prédilection, sur un sol ami, plante vivace et indigène que les siècles ont respectée dans leur cours.

# PROMENADES

## DANS ROME ET HORS DE ROME.

Au commencement de l'entrée de la rue du *Macao*, s'élevait jadis la porte *Colline*, cette porte par laquelle entrèrent les Gaulois, tout couverts du sang romain qu'ils avaient versé au confluent du Tibre et de l'Allia. Plus loin on voit le *Campus sceleratus*, où les Vestales étaient ensevelies vivantes, lorsqu'elles avaient manqué à leur vœu, ou lorsqu'elles avaient laissé éteindre le feu sacré, confié à leur soin. Parmi ces déplorables victimes de la barbarie païenne, Tite-Live a signalé Floronia et Opimia, qui subirent cet épouvantable supplice l'an 536 de Rome.

Au reste, ces condamnations étaient extrêmement rares : le respect qu'inspiraient les Vestales était si grand que le peuple était toujours disposé à accueillir leur justification, et même à croire aux prodiges les plus extraordinaires.

On sait que Numa Pompilius institua les Vestales; cet ordre existait auparavant à Albe : Numa fixa leur nombre à quatre, Servius Tullius en ajouta deux, enfin les médailles de Faustine indiquent le chiffre *sept*, lequel ne fut jamais dépassé. En dédiant à Vesta un temple de forme circulaire, il paraît que Numa avait voulu représenter la figure du monde, comme des philosophes la dessinaient alors.

Aucune Vestale n'entrait dans l'ordre au-dessous de six ans et au-dessus de dix. Quelque distinction qui fût attachée à cette qualité, les familles puissantes de Rome ne se souciaient guère d'offrir leurs filles à Vesta, craignant toujours un supplice dont le déshonneur rejaillissait sur les parents de la victime. Tibère remercia Fontenius Agrippa et Domitius Pollion d'être venus présenter leurs filles pour remplacer la vestale Occia ; il loua beaucoup leur dévouement à la chose publique.

La loi *Papia* ordonnait au grand pontife de choisir parmi le peuple vingt filles qui tiraient au sort ; on coupait les cheveux à celle que le sort désignait ; on attachait ces cheveux à un arbre que les Grecs et les Latins appelaient *Lotos*. C'était un signe d'affranchissement commun aux Vestales qui quittaient leurs familles, et aux esclaves mis en liberté.

On se tromperait beaucoup, si l'on croyait à la sévérité des mesures prises pour la surveillance des Vestales. En récompense de leur sacrifice, on leur accordait beaucoup de liberté, se reposant pour leur conduite sur la crainte du châtiment. Elles allaient aux spectacles, aux théâtres, dans les cirques où une place d'honneur leur était réservée. Souvent elles allaient manger chez leurs parents ; mais l'une d'elles, qui rentrait le soir, ayant été insultée par des jeunes-gens, il fut décidé qu'à l'avenir aucune Vestale ne paraîtrait dans les rues sans être précédée par un licteur. Elles se présentaient dans les familles pour en réconcilier les membres divisés par la haine ou l'intérêt ; elles exerçaient ainsi une sorte de magistrature domestique, et de sacerdoce social.

Leur costume n'était point celui qu'on leur prête au théâtre ; il n'avait rien de triste, et ne manquait nullement d'élégance. Leur visage n'était pas voilé. Une espèce de turban couvrait leur tête, et était fixé par un ruban qui se nouait sous le menton. Leurs cheveux, d'abord coupés et consacrés aux dieux, croissaient dans la suite, et étaient arrangés avec art. Elles portaient sur leur robe un rochet de toile fine d'une blancheur éblouissante ; un manteau de pourpre flottait sur leur épaule gauche, laissant libre le bras droit qui était toujours nu. Divers ornements qu'elles mettaient les jours de fête, n'enlevaient à leur costume ni sa noblesse ni sa grâce. Plusieurs Vestales ont soigné leur toilette au point d'en avoir acquis de la célébrité historique : Tite-Live parle à ce sujet de Minutia, dont les ajustements profanes soulevèrent des calomnies et des critiques ; Sénèque reproche à une autre Vestale d'avoir composé des vers un peu trop légers.

Il suffisait, pour qu'une jeune fille fût admise dans cet ordre, qu'elle ne sortît pas, du côté paternel et maternel, d'une condition servile. On choisissait de préférence les enfants des Patriciens.

Entrée dans le temple, même à six ans, la Vestale devenait ce que nous appelons, *majeure ;* elle avait le droit de faire son testament ; l'une d'elles, sur sa dot, (chaque Vestale recevait une dot de sa famille) fit présent d'un champ très vaste au peuple romain, qui lui érigea une statue.

L'Histoire offre à chaque page des preuves du respect que l'on portait à cet ordre. Les Gaulois entrent dans Rome ; tout fuit. Les Vestales elles-mêmes suivent la route qui conduit du pont de bois au Mont-Janicule, lorsque sur le chemin, elles rencontrent un plébéien, Albinus, qui fuit aussi avec sa famille, montée sur un char. Le Romain s'arrête, fait descendre sa femme et ses enfants, place sur son char les prêtresses de Vesta, et les conduit jusqu'à la ville de Céré où elles furent reçues avec les plus grands honneurs. Ce char hospitalier fut consacré religieusement dans Rome, renaissant de ses cendres ; et le voyage de Céré fut célébré dans des fêtes appelées de là *Cérémonies*, nom qui s'est perpétué jusqu'à nos jours.

Si les consuls ou les tribuns rencontraient une Vestale, ils étaient forcés de lui céder le pas, et de faire baisser les faisceaux devant elle. Leur présence dans la rue sauvait un criminel conduit au supplice, mais on exigeait d'elles le serment qu'elles s'étaient trouvées là par hasard.

Claudius triomphant montait au capitole, des tribuns conspirent contre lui ; ils percent la foule qui formait le cortége, et vont le renverser de son char. Sa fille, la vestale Claudia, a deviné leur projet, elle s'élance sur le char, auprès de son père ; à son aspect, les conjurés s'arrêtent. Le peuple applaudit, et le retour de la fille au temple de Vesta, fut un plus grand triomphe que celui du père au Capitole.

On croit généralement qu'elles prononçaient des vœux perpétuels ; c'est une erreur ; à Albe il en était ainsi, la Vestale s'engageait pour la vie ; mais Numa réduisit cet engagement à un laps de trente années. Ce terme atteint, elles étaient libres de rentrer dans la société et de prendre un époux.

Aux environs de la porte *Salara*, on voit dans un jardin particulier les ruines du cirque construit par Salluste, pour célébrer des jeux en l'honneur d'Apollon. Non loin se trouvent les débris du temple de Vénus-Erycine, où les jeunes Romaines venaient, à certaines époques de l'année, déposer des figurines, afin de se rendre la déesse favorable dans le choix d'un mari.

Retournons à présent dans l'intérieur de la ville

visiter le forum de Trajan, que décore la belle colonne élevée à cet empereur. De la magnificence de l'antique forum il ne reste que des ruines et des souvenirs. Jadis, ce lieu était entouré d'élégants portiques ornés de statues en bronze doré, du plus précieux travail. On y trouvait la célèbre bibliothèque *Ulpienne*, un temple dédié à Trajan et un palais destiné à l'administration de la justice. La colonne Trajane a seule survécu à ces monuments ; plus haute d'un pied et demi que la colonne Antonine, elle est avec la statue de Saint-Pierre qui la surmonte, au niveau du sommet du Mont-Quirinal, qui s'élève en face. On croit que sur cette place les Romains et les Sabins, vaincus par les larmes de leurs femmes, de leurs filles, de leurs sœurs, déposèrent le glaive, et jurèrent de ne former qu'un seul peuple.

Près d'ici et au palais *del Grillo*, se trouvent des ruines désignées sous le nom de *Bains de Paul-Emile*, mais il est probable que ces débris ont appartenu aux ouvrages de substruction que Trajan fit exécuter pour retenir les terres du Mont-Quirinal, lorsque ce prince étendit son forum du côté de cette éminence.

Dans le quartier *de' Pantani*, ainsi nommé à

cause de la présence de marais, desséchés par les soins du cardinal Alexandrin, on peut examiner quelques restes de l'édifice appelé vulgairement le *temple de Pallas* ou la *Colonnace*; mais suivant l'opinion de plusieurs archéologues, ces pans de murs et les deux énormes colonnes que l'on y remarque faisaient partie des arcs triomphaux qui ornaient l'enceinte du forum dédié à Pallas par Domitien, et dont on trouve d'autres fragments à peu de distance. Ce forum, qui fut ensuite terminé par Nerva, se nommait aussi Palladium, et était entouré comme celui de Trajan, par de magnifiques constructions. Les débris qui existent encore, sont confondus avec l'église de l'Annonciation.

Vient ensuite le Panthéon, le monument le plus parfait qui reste de l'ancienne Rome, et dont l'admirable état de conservation ajoute encore à la valeur. Elevé par Agrippa, 25 ans avant l'ère chrétienne, et consacré d'abord à Jupiter-*Vengeur*, ce temple reçut successivement les statues de Mars, de Vénus et d'autres divinités. On le désigna alors par le nom de Panthéon. Son aspect respire la majesté; sous le péristyle venaient souvent s'entretenir Auguste et Agrippa; là ils s'occupaient peut-être des destins du monde.

Le portique, de la plus grande élégance, était couvert de lames de bronze doré, que l'empereur Constant II enleva lorsqu'il vint piller Rome. Le Panthéon, à l'époque de mon séjour à Rome, renfermait des bustes des plus célèbres artistes et savants, ainsi que des tombeaux de grands hommes ; on y rencontrait avec bonheur les images réunies de Dante et de Raphaël, de Cimarosa et de Michel-Ange, de Métastase et de Corrège, de Sacchini et de Poussin. Aujourd'hui ces bustes ont disparu du Panthéon.

Le Mont-Aventin n'a conservé aucun vestige de son antique célébrité ; on y trouvait autrefois les temples de Diane, de Junon-Reine et de la déesse Bonne ; sur l'emplacement du premier et du troisième de ces temples, s'élèvent actuellement les églises de Sainte-Sabine et de Sainte-Marie du *Prieuré*.

Sur le versant méridional, la tradition place la caverne de Cacus qui inspira de si beaux vers à Virgile ; mais en admettant l'authenticité de ce personnage, il ne reste aucun vestige de l'antre où il entassait ses larcins, à moins qu'on ne considère comme tel une excavation, existant encore dans le même endroit, mais en partie comblée.

A mesure que l'on se dirige du côté de la porte Saint-Paul, on cesse d'apercevoir Rome; on marche à travers une campagne plantée de vignes et d'ormeaux; on suit des prairies qui se prolongent jusqu'au mont *Testaccio*. L'illusion du voyageur ne cesse qu'auprès de la porte Saint-Paul et de la pyramide de Caïus Cestius. Cette pyramide et le mont Testaccio forment les principales masses du paysage qui est rempli de charme et de mélancolie.

L'éminence de Testaccio est aussi singulière par sa forme que par son origine, elle est entièrement composée de débris de poterie, de tessons de vases de terre que l'on fabriquait aux environs (en latin *Testa*). Du piédestal de la croix qui en surmonte le sommet, on jouit d'un aspect dont Poussin s'est inspiré dans ses admirables compositions.

On peut appeler ce quartier le *gros-caillou* ou la *rapée* de Rome. Le peuple s'y presse en foule dans de nombreuses guinguettes; on vient boire dans des caves pratiquées dans l'intérieur du monticule. Ces caves rafraîchissent et améliorent le vin. Les groupes que l'on y rencontre occupés à sabler du *Castello*, du *Monte-Giove*, et d'autres breuvages aussi exquis, contribuent à animer ces lieux et à leur donner l'aspect le plus pittoresque.

17

Le tombeau de Caïus Cestius excite la surprise de l'observateur, qui ne peut concevoir qu'un simple citoyen ait eu assez de fortune et d'ostentation pour se faire ériger un pareil monument. C'est un luxe de roi. La chambre sépulcrale est ornée de peintures et d'arabesques, de la plus grande correction, qui ont rapport aux funérailles de Cestius ainsi qu'à la charge de *Septemvir Epulon* qu'il remplissait. Cette charge consistait à diriger les banquets offerts aux dieux dans les temps de calamités publiques. Un collège composé de plusieurs membres présidait à ces banquets appelés *Lectisternia*. Les inscriptions gravées sur ce monument annoncent qu'il fut élevé en vertu du testament de Cestius par Pontius Mela et Pothus Libertus, ses héritiers.

# UN SOUVENIR DE POÈTE

# A ROME.

On a dit que Rome était le temple de toutes les gloires et de toutes les infortunes ; gloires et infortunes empruntent, en effet, de la ville éternelle une nouvelle majesté, une sorte d'auréole. Aussi, lorsque Pétrarque reçut dans la même journée une double invitation pour aller ceindre le laurier du triomphe à Paris et à Rome ; son choix fut bientôt fixé ; et sa bouche et son cœur proférèrent ce cri : Rome.

Il est un autre poète qui fut moins heureux, un poète qui tomba la veille du triomphe, au moment où la palme allait ombrager son front contre les coups de la foudre : Ce poète, est-il besoin de le nommer ? Qui n'a reconnu Torquato Tasso ?

La destinée du chantre de la *Jérusalem délivrée* fut d'abord concentrée dans l'enceinte de Ferrare, là ses amours et ses vers et ses premiers malheurs et sa longue captivité. Une fois sa chaîne brisée, il vint à Rome où le Cardinal Cintio Aldobrandin, son protecteur, l'appelait pour recevoir le laurier du triomphe.

Mais le poète n'avait pas encore épuisé les coups de la fortune ; dans le couvent de Saint-Onuphre où il se fit transporter, on montre encore un arbre qui porte son nom. On dit que la veille de sa mort, le Tasse s'assit au pied de cet arbre, et que là ses vers coulèrent avec ses pleurs. Là, il donna un dernier souvenir à cette Eléonore tant aimée, aux brillantes illusions qui l'avaient déçu, à la poursuite obstinée du malheur qui le conduisait au tombeau par la voie de la misère.

Oh! quelles réflexions poignantes devaient déchirer ce noble cœur! Quel deuil que ce retour vers le passé, que cette évocation des années qui se dressaient devant lui avec leurs funestes enseignements. Le lendemain, le poète allait échanger la couronne périssable de la terre contre la couronne céleste; le lendemain il allait se reposer dans le sein de Dieu, celui qui avait si dignement célébré le tombeau du Sauveur du monde.

Le peuple romain refusa de croire à la nouvelle de ce trépas, le peuple ne pouvait concevoir ce triomphateur qui tombait, la veille du triomphe, il demanda à le contempler; et les deux puissances se trouvèrent en face : la foule et la mort.

Ce mélancolique souvenir semble ajouter une harmonie plus touchante aux harmonies de Rome. Voici comment un poète français, un enfant du Midi, a célébré le Tasse; après avoir peint les rêves et les déceptions de l'amant de la sœur du prince d'Est, il montre la ville éternelle réparant la longue injustice des hommes, et voilant sous des palmes les blessures d'un cœur ulcéré.

Ce poète se nommait Victorin Fabre, et lui aussi, malgré l'éclat de son début, a eu des jours traversés, des destinées malheureuses.

. . . . . . . . . . . . . . .
« Aux yeux de l'auguste victime,
Le destin, lassé de punir,
Fait briller l'espoir légitime
D'un plus favorable avenir.
Sur ces bords que le Tibre arrose,
Où l'ombre d'Ennius repose
Dans le tombeau de Scipion,
J'entends la ville aux sept collines
Répéter les hymnes divines
Du chantre immortel de Sion.


Oui, Rome, devance l'histoire,
Venge le Tasse ; il vit encor.
Hâte-toi : sur un char d'ivoire
Porte-lui la couronne d'or.
Qu'une pompe auguste et chrétienne
Rende à la roche tarpéienne
Ses vieux triomphes abolis ;
Et toi, Capitole sublime,
Ouvre à l'Homère de Solyme
Tes portiques enorgueillis.


Le Capitole, sur la route
Que le char devait parcourir,

Trois fois l'airain sonne.... j'écoute,
Un saint temple vient de s'ouvrir.
De l'enceinte silencieuse
Une lampe religieuse
Éclaire le dôme noirci ;
J'avance à sa pâle lumière,
Et je lis, penché sur la pierre :
« Les os du Tasse sont ici. »


Qui que tu sois, homme célèbre
Qu'opprime un sort injurieux,
Devant cette pierre funèbre
Apprends à pardonner aux Dieux.
Cet astre que le Perse adore,
Et que le Samoïède implore
Dans la longue nuit des hivers,
Céleste image du génie,
Voit-il sa lumière impunie
Eclairer en paix l'univers !


Non, non, vaincu par la tempête,
Au sein de l'empire étoilé
Souvent le Dieu cache sa tête,
Lumineux encor, mais voilé.
Entouré de flammes livides,

Au fond des ténèbres humides,
Il semble décroître et pâlir;
Sous le voile impur qui l'outrage,
Il marche d'orage en orage,
Et la nuit vient l'ensevelir.


O Tasse, voilà ton histoire;
Ta mort, ton immortalité,
Tu reçus, des mains de la gloire,
La coupe de l'adversité.
Enfin, ton triomphe s'apprête;
De chants de victoire et de fête,
Un peuple entier remplit les airs.
Arrête, peuple magnanime
Le triomphateur, la victime
Expire au bruit de tes concerts.


Tout près de son heure dernière,
« Brulez, disait-il, mes écrits,
» Le temple obscur d'un monastère
» Doit cacher mes pâles débris. »
L'infortuné! dans l'humble asile
Où du moins la vertu tranquille
Échappe à ses persécuteurs,

Sous la pierre étroite et modeste
Redoute encor l'éclat funeste
D'un nom payé par tant de pleurs.


Hélas ! quand déjà l'espérance
Lui promet des lauriers lointains,
Si le grand homme, à son enfance,
Pouvait lire dans les destins :
Quels maux ! quelle orageuse vie !
Oh ! qu'avec terreur, du génie
Il repousserait le flambeau !
O toi, dont la gloire est l'idole,
Va d'un pas ferme au capitole,
Ne regarde pas ce tombeau.

# TOPOGRAPHIE DE ROME.

---

L'intérieur de Rome, à cause des nombreux bouleversements que cette ville a subis, ne peut fournir d'indices certains à l'observateur qui voudrait de prime abord reconnaître le plan de la cité antique ; aussi ce n'est que par tradition que l'on sait aujourd'hui où se trouvaient les voies *scelerata*, *subura*, *sacra*. L'aspect du terrain n'a pas moins changé que les noms. Ainsi comment reconnaître le champ de Mars dans les dénominations de rues *Ripetta*, d'*Ascanio*, della *Stelleta*, qui occupent l'emplacement de ce lieu célèbre. Lorsque Raphaël proposa à Léon X de rebâtir Rome sur l'ancien plan de la ville; le grand artiste avait pour le guider dans ce travail des indications plus étendues et surtout de nombreux monuments qui, depuis le seizième siècle, ont disparu. Quel malheur que ce projet si digne de Léon X ne se soit point réalisé! Son exécution eut en quelque sorte couronné le siècle de l'illustre pontife et la carrière si rapide, mais si bien remplie de l'homme qui a mérité le surnom de *Dieu de la peinture*.

Cependant la science qui étudie, combine, évoque le passé, est parvenue à refaire par la pensée ce que désirait Raphaël; un écrivain dont s'honore la France, M. Raoul-Rochette, a rendu accessible à toutes les intelligences les *principales vicissitudes de la topographie de Rome*. Dans ces consciencieuses recherches, où l'érudition avance de conquête en conquête à la lueur du double flambeau de l'histoire et de l'imagination, dans ces consciencieuses recherches, M. Raoul-Rochette partage en huit périodes le tableau de l'agrandissement, de la chûte et du renouvellement de Rome.

La première période embrasse un espace de 365 ans, depuis Romulus et sa maison de branches d'osier aux intervalles remplis de terre, jusqu'à l'époque de l'invasion des Gaulois. Dans ce laps de temps, les sept collines furent enfermées dans l'enceinte de la ville, et chacune de ces collines offrit l'aspect d'une citadelle où l'on ne parvenait que par une voie difficile et escarpée (*Clivus*). Quant à leur élévation, il est impossible de la juger par l'état actuel de ces mêmes collines, le sol inférieur de Rome s'étant beaucoup exhaussé à la suite des siècles qui ont amoncelé tant de débris. De rares habitations étaient disséminées dans les plaines et les vallées, coupées de champs, de prairies et de bois sacrés. Pour les constructions particulières, le bois remplaça l'osier, même chez les patriciens, et vers la fin de cette première période, on employa des briques durcies au soleil.

Mais à côté de ces constructions mesquines perçait déjà le génie du peuple-roi dans l'architecture des temples, des ponts, des aqueducs, de tous les monuments religieux et d'utilité publique.

La seconde période indiquée par M. Raoul-Rochette comprend à peu près la même durée, depuis l'invasion des Gaulois jusqu'à la bataille d'Actium, l'an de Rome 723.

On sait que le peuple romain, après le départ des terribles ennemis qui avaient arraché la rançon du capitole, se souciait fort peu de relever une ville en ruines ; tous les citoyens voulaient transférer leur résidence à Véies ; Camille l'emporta, et sauva réellement l'avenir du nom romain. Mais les sentiments des habitants se manifestèrent dans le défaut absolu de plan et d'harmonie. Chacun bâtit sa maison au gré de son caprice, sans nul souci d'empiéter sur la voie publique, sans suivre aucune ligne régulière. Après la seconde guerre punique, de nombreuses améliorations s'introduisirent dans le système d'architecture appliqué aux maisons des citoyens qui commencèrent à s'harmonier avec les édifices publics, toujours plus beaux et plus grandioses. Les trésors des peuples vaincus ne firent qu'aumenter ce goût de magnificence.

Avec le règne d'Auguste s'ouvre la troisième période, qui multiplia le luxe de construction dans une proportion extraordinaire, qui entassa statues, monuments, chefs-d'œuvre sans changer la déplorable disposition des rues. Seulement sur les deux rives du Tibre s'élevèrent des quartiers plus réguliers.

Cette période ne comprit pas tout-à-fait un siècle de durée. L'an de Rome 818, Néron incendia la ville pour la reconstruire sur un nouveau plan.

Telle fut effectivement la pensée du tyran, pensée qui amena la destruction complète de trois quartiers; il y en avait en tout quatorze, sept essuyèrent des ravages plus ou moins considérables ; les autres furent épargnés par les flammes. L'incendiaire devint architecte ; et pour réaliser ses projets, il prodigua ses trésors. Rome reçut du tyran une magnifique parure ; et peut-être faut-il aller chercher dans cette circonstance de la vie de Néron le secret de l'attachement que lui portait le peuple. A la mort de Marc-Aurèle se termine cette quatrième période qui fut la plus splendide. La décadence devait suivre : car avec les invasions des Barbares commence pour l'empire et notamment pour la métropole une série de revers qui préparaient les fureurs des Goths et d'Alaric. Toutefois la décadence n'est pas encore arrivée; on la pressent; les hommes qui entretiennent quelque souci de l'avenir, voient se former l'orage ; mais avant les Barbares, Constantin donnera le signal de la destruction.

Ce prince qui touche à la cinquième période, embellit Byzance des dépouilles de Rome; les courtisans enchérirent encore sur le maître, jaloux de se concilier sa faveur en dotant la nouvelle capitale de quelques trésors arrachés à l'ancienne. Puis les constructions d'églises chrétiennes absorbèrent une immense quantité de matériaux qui achevèrent encore d'apauvrir la Rome payenne.

Les successeurs de Constantin n'imitèrent que trop ce funeste exemple ; aussi lorsque les Goths entrèrent dans Rome sous les ordres d'Alaric, ils trouvèrent l'œuvre de destruction largement entamée. Ils incendièrent les quartiers voisins de la porte *Salaria*; la maison de Salluste périt dans ce grand désastre. Alaric avait la conscience de la mission providentielle qu'il remplissait. — Je ne puis m'arrêter, disait-il lorsqu'il marchait sur Rome ; quelqu'un me presse et me pousse à saccager cette ville.

Une fois maître d'un immense butin, après avoir reçu cinq mille livres d'or, trente mille d'argent, quatorze mille tuniques de soie, trois mille peaux teintes en écarlate, et trois mille livres de poivre, les envoyés du sénat lui demandèrent : — Que restera-t-il donc aux Romains. — La vie, leur répondit le barbare.

Les jours d'Alaric étaient comptés ; au moment de son triomphe, l'ange de la mort planait sur sa tête;

il expira, et les Goths honorèrent dignement le vainqueur de Rome.

Auprès de Cozence, ils firent changer de lit aux flots du Buzentum ; là ils creusèrent une fosse profonde, où ils ensevelirent leur chef avec une partie de ses trésors : ils égorgèrent ensuite les esclaves qui avaient creusé la tombe, et le Buzentum, ramené dans son lit, déroba à l'univers, la place où reposaient les dépouilles d'Alaric.

Un autre barbare, Genseric reprit en 455, et continua sur une plus grande échelle l'œuvre de destruction ; mais Rome était tellement peuplée de statues, de temples, de monuments qu'il y avait toujours amples moissons pour la torche et la hache. Le chiffre de soixante-dix mille statues donné par des documents exacts suffira pour faire comprendre les richesses de cette cité, et dans ce chiffre ne sont point comprises les statues qui ont été dévorées par les flammes ou emportées à Constantinople.

L'univers avait été spolié au profit des descendants de Romulus ; après avoir long-temps méprisé les chefs-d'œuvre des arts, ils avaient fini par en comprendre le prix ; alors ils avaient ajouté ce raffinement à leur existence, avec ce gigantesque développement qui les jetait pour ainsi dire, hors du moule de l'humanité. Les jouissances artistiques étaient devenues pour eux un besoin de tous les moments, une passion qui tenait du délire. Certes, il était difficile de reconnaître dans les contemporains d'Auguste et de Néron les descendants de ce Mummius qui, en dépouillant Corinthe de ses chefs-d'œuvre, avait montré tant d'indifférence pour les plus précieux monuments de l'art.

L'énormité des fortunes des principaux romains achève de révéler cette passion qui leur était, pour ainsi dire, nécessaire, car sans cela comment parvenir à employer les revenus d'une province ou d'un royaume qui formaient souvent le patrimoine d'une seule famille.

A l'an de Rome 1059 finit la cinquième période; la sixième est la plus désastreuse, c'est celle dont j'ai déjà esquissé quelques traits en signalant les ravages d'Alaric et de Genseric; Rome respira quelque temps sous l'administration paternelle d'un prince d'origine barbare, mais qui avait été conquis à la civilisation par le souvenir et la majesté du capitole, par Théodoric. Après cette halte qui ne fut pas sans gloire, recommencent les guerres civiles et étrangères; c'est Vitigès qui détruit dans la campagne romaine les tombeaux et les aqueducs; c'est

Totila qui emploie la torche et la hache pour anéantir les quartiers transtévérins ; et qui ne s'arrête dans ses fureurs qu'à la voix de Bélisaire.

Le héros qui de loin était intervenu pour sauver Rome, y entra bientôt ; il rappela les habitants dispersés, et pour en relever les murailles, il employa des matériaux arrachés aux monuments antiques. Bélisaire lui-même, par le malheur de ces temps déplorables, contribuait à des destructions qu'il condamnait du plus profond de son cœur.

Cependant, Rome conservait encore tant de richesses, tant de trésors, qu'en l'an 800 de l'ère chrétienne, lorsque Charlemagne y vint ceindre la couronne impériale, il fut frappé d'admiration ; mais le prince Frank imita Constantin ; lui aussi dépouilla la ville de Romulus pour embellir à ses dépens sa nouvelle capitale, cette cité d'Aix-la-Chapelle qu'il avait créée, et dont la situation le mettait dans le cas de contenir les populations turbulentes de la Germanie, et de protéger par là son empire naissant contre ces flots de conquérants sous lesquels Rome avait succombé.

Eh bien ! Ces périodes successives, quel que soit le malheur qu'elles apportent à la ville éternelle seront encore surpassées par la septième époque, par ce laps de temps où les souverains pontifes quittèrent Rome pour se réfugier à Avignon. Les Italiens ont appelé cette époque la captivité de Babylone ; il n'y avait là nulle exagération. Rome eut presque le sort de Jérusalem.

Pendant cette longue absence du Saint-Siége, Rome se vit en butte à toutes les fureurs des guerres civiles. Quelques nobles qui faisaient remonter leur origine aux grandes familles patriciennes, se disputèrent le pouvoir à main armée. Dans ces combats acharnés, le Colysée, le tombeau de Cecilia Metella, les temples antiques furent transformés en autant de forteresses. Puis, le tribun Rienzi essaya son simulacre de république, qui n'aboutit qu'à un redoublement de tyrannie et de dévastations. Du reste, nulle piété pour le passé, aucun pouvoir modérateur, rien qui arrêtât le glaive et l'incendie.

Enfin, les papes revinrent dans la ville que leur éloignement avait rendu si infortunée; ils ne lui apportèrent pas de suite les moyens de cicatriser ses blessures ; ils ne pouvaient pas encore cacher les ruines de la veille sous une couronne de nouveaux monuments. Mais l'heure de la renaissance approchait, et avec elle la huitième période de l'histoire de Rome. Avec la renaissance, l'art avait perdu sa teinte mystique et pieuse du moyen-âge pour s'inspirer des modèles de l'antiquité, pour se les assimiler sans les copier servilement. Afin de marcher dans ces voies nouvelles, on fut obligé d'étudier le passé, l'étude amena l'enthousiasme, l'enthousiasme prépara ces soins conservateurs qui consacrèrent tous les débris, qui les revêtirent d'un caractère d'inviolabilité.

La chaine des temps fut renouée ; l'âge de la renaissance servit de lien entre l'art antique et l'art moderne.

Architecture, sculpture, peinture, musique florissaient à la fois dans Rome, enfin redevenue la reine des nations par l'intelligence comme elle l'avait été par le glaive, comme elle l'était toujours par la religion.

Cette dernière période réclame surtout de longues observations ; peut-être a-t-elle été le moins comprise et le moins fouillée ; pourtant elle se résume dans une œuvre gigantesque, dans un des plus beaux monuments élevés à la puissance divine par la reconnaissance de l'homme : *L'Eglise de Saint-Pierre.*

# PROMENADES

## DANS ROME ET HORS DE ROME.

### SUITE.

Il me reste peu de chose à examiner dans l'intérieur de Rome, en fait d'antiquité; dans le quartier des Juifs, (*il ghetto*) les débris du portique d'Octavie; au palais Orsini, auprès du capitole, les ruines du beau théâtre de Marcellus. Une petite rue conduit encore au palais Vivaldi qui renferme des fragments considérables du tombeau d'Auguste, de ce monument désigné jadis par le nom de Mausolée, comme le digne pendant du Mausolée construit par Arthémise en l'honneur d'un époux adoré. De cet édifice ne subsiste aujourd'hui que le dernier étage. Les deux autres sont enfouis dans la terre qui s'est beaucoup exhaussée tout autour. Cet étage supérieur est assez vaste pour servir de cirque dans les combats de taureaux ; les spectateurs placés dans les loges modernes de construction très-élégante, sont loin de se douter pour la plupart qu'ils foulent peut-être les cendres d'Auguste, de Livie et de ce Marcellus pleuré par Virgile.

Le tombeau d'Adrien, aujourd'hui le château Saint-Ange, est encore plus vaste et plus magnifique. Ce monument, que décoraient les plus belles colonnades, les statues les plus parfaites, pouvait être mis en parallèle avec les pyramides d'Egypte : jamais plus digne temple ne fut consacré à la majesté de la mort. Il faut pénétrer dans l'intérieur de la forteresse moderne pour se faire une idée du tombeau d'Adrien, pour en examiner les chambres sépulcrales, pour en étudier les gigantesques dimensions ; on demeure alors convaincu que c'était une des merveilles de Rome. Les mêmes émotions, le même intérêt de curiosité attendent le voyageur dans ses excursions hors de Rome. Par exemple, en sortant de la porte Saint-Sébastien, on remarque dans une vigne située sur la droite, des décombres qui ont fait partie du temple de Mars *extrà-muros*. Le sénat s'y réunissait pour délibérer sur la nature des victoires qui méritaient à un général les honneurs du triomphe. Auprès de ces décombres, où se débattaient jadis des questions si importantes, coule un modeste ruisseau que l'on remarquerait à peine, si ce n'était le fleuve Almon, dans lequel les prêtres de Cybèle lavaient chaque année la statue de la Déesse et les divers objets qui servaient à son culte.

On rencontre ensuite la petite église nommée *Domine quò vadis*, en mémoire des paroles de saint Pierre au Sauveur du monde, lorsque le prince des apôtres voulant fuir la persécution suscitée contre les chrétiens par Néron, aperçut dans ce lieu son divin maître qui l'engagea à retourner à Rome et à souffrir le martyre. Non loin de cette église, la route se divise en deux branches; un peu avant le point de bifurcation se trouve un tombeau en ruines, auquel des antiquaires ont attaché bénévolement le nom de la sœur des Horaces, de cette infortunée Camille que frappa le glaive fraternel, encore teint du sang de son fiancé. Cette opinion ne repose sur aucun document digne de foi.

La branche qui se détache là de la voie appienne est l'ancienne voie ardéatine, assez renommée dans le Latium, mais aujourd'hui dans un état complet de dégradation. Les ruines que l'on aperçoit sur la voie appienne, dépendaient de divers tombeaux, parmi lesquels était celui des affranchis de Livie; on distingue aussi les restes d'un *Columbarium*, qui, a, dit-on, servi de sépulture aux esclaves d'Auguste.

Plus loin se présente la jolie façade de Saint-Sébastien. Par cette basilique, l'une des sept principales de Rome, on pénètre dans les catacombes qui portent le même nom. Plus vastes et plus belles que les catacombes de Saint-Janvier à Naples, elles dessinent beaucoup plus de détours et de sinuosités, retraçant ainsi les dispositions de ces labyrinthes, dont la Fable nous a transmis les descriptions; seulement point de monstres ne viennent effrayer le visiteur; mais les reliques des martyrs l'invitent plutôt à y descendre pour se livrer au recueillement et à la prière.

Ces souterrains ne renferment rien de remarquable; la plupart des inscriptions qui s'y trouvaient ont été transférées au musée du Vatican; il n'y a que des fragments de tombeaux et un immense amas d'ossements. On sait effectivement que plusieurs papes et environ 170,000 martyrs y ont été ensevelis. On recueille donc avec respect ces restes vénérables qui peuvent avoir appartenu aux saints les plus illustres de la primitive église.

Les ruines considérables que l'on aperçoit en sortant de Saint-Sébastien, et du milieu desquelles se détache un édifice circulaire, sont appelées les *Ecuries de Caracalla*, sans doute à cause du voisinage du cirque de cet empereur.

Vasi pense que ce lieu n'était destiné qu'à la réunion des chars qui devaient courir dans la même arène ; Féa prétend que là se rassemblaient les prêtres et les sacrificateurs avant d'aller porter dans le cirque les images des Dieux : ces deux opinions intéressent fort peu ; et je ne m'occuperai point à démêler la plus plausible. D'ailleurs, le bâtiment circulaire qui domine ces débris, porte un nom autrement retentissant que des questions d'archéologie ; on l'appelle la *Torre de' Borgiani*. La famille Borgia s'est réfugiée derrière ces murailles pendant les guerres civiles de la fin du quinzième siècle.

Caracalla et Borgia! étrange rapprochement à travers tant de siècles, tant d'événements, tant de révolutions. Le fratricide, le meurtrier de Géta qu'il frappa jusque dans les bras maternels, accouplé à ces terribles Borgia qui, eux aussi furent fratricides, mais dont le génie et la politique égalaient les crimes et les vices.

Le cirque de Caracalla que je visitai ensuite a subi les outrages du temps, mais dans son état actuel il accuse ses anciennes dimensions et sa forme primitive ; c'était une espèce de carré long, demi-circulaire par l'une de ses extrémités, et rectangle de l'autre. On y trouve des restes du *Pulvinar*, ou loge impériale, ainsi que des vestiges de la plate-forme ou épine qui séparait cette lice en deux parties inégales. Les spectateurs et les concurrents se distinguaient par différentes couleurs adoptées comme signe de ralliement ; Suétone rapporte que Caligula fut zélé partisan de la faction des verts. Il y en avait encore de rouges, de blanches et de bleues.

Le tombeau de Cecilia Metella complète par sa masse imposante l'aspect de ce lieu. Ce que l'on raconte de l'immense fortune de Crassus, cesse d'étonner en présence de ce monument, emblème de la douleur que lui causa la mort de son épouse, Cecilia Metella, fille de Quintus Metellus Creticus. Ce tombeau n'offre aujourd'hui d'entier que la tour, dont le sommet se terminait en cône, ainsi que les mausolées d'Auguste et d'Adrien. A l'époque où les troubles des guerres civiles firent transformer ce monument en forteresse, on y ajouta des créneaux et des murailles en briques.

En continuant de suivre la voie Appienne, on rencontre le tombeau de la famille Servilia, et puis quelques ruines qui s'appelaient autrefois *Roma vecchia*. Aux environs s'élève un petit temple carré, dédié jadis au génie du dieu *Redicule*, du verbe latin *redire*, retourner. En effet, les Romains construisirent ce monument pour conserver le souvenir de la retraite d'Annibal, alors que ce grand capitaine, se proposant d'assiéger la ville, en examina d'ici la force et la situation, et se convainquit de l'inutilité de ses efforts. Le style de cette construction dément la date qu'on lui donne, il indique l'époque des premiers temps de l'empire. Du reste, le paysage offre un aspect délicieux ; des montagnes, des vallons, les eaux du fleuve Almon composent un tableau pastoral qui contraste avec cette haute figure d'Annibal dont la tente s'éleva sans doute sur l'emplacement du temple. Plus loin on aperçoit une autre fabrique non moins remarquable, et désignée indifféremment par les noms de temple de Bacchus ou des *Camènes* (les muses). L'architecture porte le caractère de l'époque des Antonins. Le pape Urbain fit de ce temple une église qu'il plaça sous l'invocation de son patron.

A peu de distance se trouve la grotte de la nymphe Egérie. Il est malheureux que les antiquaires ne s'accordent pas sur l'authenticité de l'opinion populaire, qui place ici le mystérieux asile où Numa venait méditer sur le bonheur des Romains. Une voute silencieuse, des eaux qui murmurent doucement, de frais ombrages, un calme profond, voilà bien les couleurs sous lesquelles l'imagination aime à se représenter ce sanctuaire consacré par les inspirations d'un bon roi, qui mettait ses pensées sous l'influence d'une révélation supérieure.

D'après Juvénal, la grotte d'Egérie était située hors de la ville, auprès de la porte Capène, et comme l'emplacement sur lequel s'élevait cette porte est maintenant renfermé dans la ville, dont le rayon a acquis de ce côté beaucoup de développement, il en résulte que cette grotte est peut-être ensevelie dans un quartier voisin, sous des constructions de l'intérieur de Rome. Mais comme la description donnée par Juvénal dans une de ses satires, se rapporte assez à la grotte qui porte aujourd'hui le nom de la nymphe Egérie, et que le poète n'a point indiqué précisément la distance de la porte Capène, on peut croire à l'identité du local. Opinion qu'appuie la vénération dont les Romains l'entouraient, et le soin religieux avec lequel ont été ornées la source et la grotte.

L'excursion par les autres portes de Rome est loin d'offrir le même intérêt sous le rapport archéologique. Aux environs de la porte Pie qui a remplacé la porte *Nomentana*, on jouit de la vue de sites gracieux, mais il n'y a pas de monuments antiques. Afin de varier les plaisirs de cette promenade, on peut jeter un coup d'œil en passant sur les édifices modernes qui décorent cette partie de la campagne romaine. La *Villa Patrizi* se distingue surtout par l'élégance de son *casino* et la beauté de ses terrasses. Cette *Villa* est très-fréquentée dans le mois d'octobre : La mode y amène tous les jeudis de nombreux promeneurs ; et toutes les maisons voisines sont transformées à cette époque en cafés et en restaurants, où l'on trouve peu de ressources culinaires, mais de magnifiques salons décorés de statues et de tableaux ; nourriture creuse dont se contente peu le gastronome affamé.

On aperçoit successivement, en se rendant à l'église de Sainte-Agnès, les villas Lancelloti, Bolognetti et Torlonia, lesquelles forment autant de séjours enchantés et remplis de je ne sais quel attrait mélancolique. L'Eglise de Sainte-Agnès a été bâtie par Constantin ; on y descend par un escalier de quarante-huit marches. Au dessous se trouvaient des catacombes. Le maître-autel est décoré de la statue de Sainte-Agnès, qui se distingue par la singularité de son exécution : albatre et bronze doré ; sous le maître-autel, repose le corps de cette sainte et celui de Sainte Emmerentienne.

Tout auprès, l'Eglise de Sainte-Constance a excité beaucoup de divergences d'opinions au sujet de la date de sa construction. Quelques antiquaires ont prétendu reconnaitre un temple de Bacchus ; d'autres, le baptistère que fit élever Constantin à l'occasion du baptême des princesses Constance, sa fille et sa sœur. Du reste, ce dernier sentiment a prévalu. L'intérieur de l'édifice est d'une rare élégance, particulièrement la coupole soutenue par vingt-quatre colonnes de granit, accouplées et du plus bel effet.

On ne sera point surpris que je comprenne ces deux Eglises dans la nomenclature des monuments antiques ; plusieurs artistes et savants les rangent, en effet, dans cette catégorie, ainsi que Saint-Etienne le rond. Pourtant ces constructions doivent être considérées comme formant la transition entre les anciens temples du paganisme et les églises qu'élevèrent ensuite les chrétiens.

Si l'on continue de suivre la voie *nomentana*, on arrive au pont du même nom qui traverse l'Anio, aujourd'hui le *Teverone* ; le voyageur considère avec plaisir cette rivière qu'Horace a chantée dans ses vers, et qui forme les charmantes cascades de Tivoli. Non loin de ce pont, et entre les voies *Nomentana* et *Salara* on rencontre une métairie appelée *Serpentara*. D'après les meilleures autorités, elle occupe l'ancien emplacement de la maison de plaisance de Phaon, où Néron se donna la mort. Ainsi voilà le théâtre de cette tragédie qui laissa respirer le monde; c'est là que le meurtrier d'Agrippine se livra au plus lâche désespoir en se voyant abandonné, et qu'il s'écria : *N'aurai-je donc ni amis ni ennemis ?*

En même temps, il se voilait le visage pour échapper aux horribles visions qui s'élevaient de toutes parts autour de lui, pour ne pas apercevoir et Britannicus et Octavie, et Agrippine et Poppée, et Sénèque et Lucain, cortége de victimes auxquelles se mêlait l'ombre de ce Poetus Thraseas avec lequel le tyran avait voulu anéantir la vertu. Cependant le bruit grossissait de moment en moment ; on entendait de loin les acclamations de l'armée saluant le nouvel empereur; et lui fidèle à ses habitudes d'artiste et d'histrion, récitait des vers d'Homère, tandis que Epaphrodite lui enfonçait dans la gorge le poignard qui tremblait dans la main du tyran.

*Quelle mort pour un si grand musicien!* comme il le disait lui-même. Il me semblait qu'en foulant le sol qui fut le théâtre de cette tragédie, je la voyais s'accomplir sous mes yeux. Il est vrai que Tacite l'a burinée pour l'éternité.

Des deux tombeaux que l'on rencontre auprès du pont Nomentanus, aujourd'hui *Lamentano* par corruption, celui à droite, le plus dégradé est totalement inconnu; mais celui de gauche, transformé en écurie, porte le nom de Menenius Agrippa. On prétend qu'il renfermait les cendres de cet ingénieux patricien dont l'éloquence ramena le peuple romain, et mit un terme à la sécession du Mont sacré. A gauche de ces ruines, au delà de l'Anio, se trouve précisément cette éminence célèbre, berceau du tribunat.

Le *Mont sacré* n'a point de monuments, rien qui rappelle ses titres historiques, son illustration, rien qui vous raconte les faits qui se rattachent à ce monticule aujourd'hui couvert de plantes et de buissons;

mais en entendant ce nom, il est difficile de se défendre d'une vive émotion. La pensée s'empare d'un autre univers ; elle revoit toutes les scènes de ce drame populaire, dont le dénouement prépara le triomphe de la démocratie sur la plus fière et la plus grande aristocratie qui ait jamais existé. Les touchantes relations du patronage et de la clientelle purent bien adoucir de temps en temps la lutte, et rapprocher les bords de l'abîme qui se creusait toujours plus profond entre les Patriciens et les Plébéiens, mais l'institution du Tribunat devait porter ses fruits, elle devait faire entrer le plus grand nombre d'hommes possible dans le Forum et dans le Sénat.

Mes regards ne pouvaient se détacher de cette éminence que rien ne désignait à mon attention. Elle ne porte aucun monument, point de trophée, pas même une inscription qui vous raconte les événements qui s'y sont accomplis. Le voyageur passe indifférent, mais que son guide lui dise : voilà le *Mont-Sacré !* soudain tout s'anime, tout prend un nouvel aspect. Etrange puissance de la gloire qui change un désert, qui le repeuple, qui lui rend le tumulte de la foule, le mouvement de la vie, qui surtout électrise et impressionne les cœurs capables de la comprendre !

19

C'est en face du Mont-Sacré qu'il faut relire cette page de l'Histoire romaine, qu'il faut demander à Tite-Live le tableau de cette résolution unanime qui arracha une armée à son serment d'obéissance, et la conduisit sur cette colline où elle établit l'ordre dans le désordre, où son attitude, pleine de calme et de dignité, révéla aux Patriciens que le moment était venu d'abandonner une partie de leur autorité sous peine de voir périr la patrie.

Pour moi, je sentis dans ce moment que l'Histoire, s'était revêtue d'un caractère de vérité, d'actualité, dont il est difficile de donner une idée. Que l'on ne prétende pas que le passé nous est indifférent ; nous y vivons autant que dans l'avenir.

Ici se terminent mes explorations et mes recherches dans la Rome de l'antiquité ; je m'occuperai désormais de la ville des Pontifes qui, elle aussi, mérite une attention soutenue de la part du voyageur. Nécessairement la grandeur des siècles écoulés a dû réagir sur les constructions modernes : les modèles étaient là ; comment ne s'y point conformer ? D'ailleurs, Rome chrétienne avait, pour guider les inspirations de ses architectes, une religion autrement puissante que le polythéisme.

Que l'idée de la conquête de l'univers ait exalté

les anciens Romains, que ce but, entrevu à travers les vagues prophéties de la Sybille de Cumes, que ce but, courageusement et habilement poursuivi, ait jeté ce peuple hors de la sphère de l'humanité, cela se conçoit. Et l'empreinte de cette influence se retrouve dans le système d'architecture des Romains; mais il y a aussi quelque chose de gigantesque dans les projets d'un Grégoire VII, d'un Innocent III. Malgré les chants d'Horace, et les pompes du siècle d'Auguste, le Jubilé fondé par Boniface VIII est bien plus imposant que les fêtes séculaires de l'empire. A en juger par les impressions de deux poètes, comparez les vers d'Horace avec ceux de Dante, sur lequel l'immense concours de pèlerins dont Rome fut inondée à cette époque, produisit une si profonde sensation.

Comparez Horace et Dante en présence des fêtes séculaires du paganisme et de la religion chrétienne, vous prononcerez ensuite sur les inspirations les plus hautes, les plus hardies, le mieux en harmonie avec le génie de Rome.

Le grandiose dantesque se retrouve à point nommé dans les œuvres de Michel-Ange qui, sculpteur, peintre, architecte et poète, sut toujours manifester cette fierté du peuple-roi, dont notre vieux Corneille offre dans son théâtre de si nombreux exemples.

Malgré ces rapports entre le passé et le présent, entre le Capitole et le Vatican, Rome présente une telle variété d'aspects, de monuments, et de contrastes, que tous les instants y ravivent l'intérêt. C'est ainsi qu'un Français, venu dans cette belle cité pour y passer quelques mois, s'y trouvait encore au bout de trente ans, et ne pouvait se décider à l'abandonner.

Le charme des mœurs, la physionomie pittoresque des classes populaires, la pompe des cérémonies sacrées, autant de séductions qui se mêlent, qui se confondent avec les traditions historiques pour faire, à Rome, de l'existence du voyageur une fête perpétuelle, fête enivrante : car elle s'adresse surtout aux instincts et aux sentiments nobles de l'esprit et du cœur.

Plus d'un portrait de fantaisie a été tracé : beaucoup d'étrangers ont défiguré le caractère romain, l'ont représenté sous des couleurs factices ; je ne les imiterai point : j'aime mieux m'abstenir. Il est si difficile de prononcer en dernier ressort sur toute une population, de décider d'un trait de plume d'objets à peine entrevus, d'habitudes à peine observées! Puis, sur ces peintures de convention, empreintes quelquefois de mauvaise humeur, écrites sous la dictée d'une de ces contrariétés que l'on rencontre si souvent dans la vie ; sur ces peintures, les lecteurs établissent leur opinion, des préjugés se forment, s'enracinent ; et plusieurs millions d'hommes sont condamnés en dernier ressort, parce qu'un *touriste* avait, tel jour, mangé un dîné réchauffé, ou rencontré un barbier maladroit qui lui avait entamé l'épiderme du menton.

Le *touriste* a écrit, a imprimé son jugement ; les pièces du procès ne sont pas sous les yeux du lecteur, il n'y a qu'un plaidoyer partial, évidemment entaché de prévention ; n'importe, le lecteur prononce.

Que voulez-vous ? Il y a des gens qui, en traversant une ville, prétendent la connaître ; qui, pendant que l'on change au relais les chevaux de leur chaise, s'imaginent avoir étudié et approfondi le caractère, la physionomie, les mœurs des habitants, parce qu'ils ont échangé quelques mots avec un postillon à demi éveillé, ou un mendiant qui leur demande la charité.

Je citerai à cet égard un écrivain distingué, du reste, et qui a publié plusieurs relations de voyage, généralement estimées. Il arrive dans une petite ville suisse, il descend à une auberge où se trouvait une servante aux cheveux rouges. Tout de suite il écrit sur son carnet : Les femmes de..... sont remarquables par l'élégance de leur taille, par la blancheur de leur teint : c'est dommage qu'elles aient les cheveux rouges.

Par malheur pour le voyageur, il n'y avait dans la ville que cette fille avec une chevelure de ce genre, et elle était d'un autre canton.

Ce qui achève de contribuer aux erreurs dont les Italiens sont trop fréquemment victimes, dans les récits des *touristes*, c'est que tous les voyageurs croient connaître la langue italienne ; ils l'étudient à la superficie, ne pénètrent pas dans son génie, dans ses difficultés, dans tout ce qu'elle a d'intime, de profond ; et avec cette érudition incomplète, ils s'exposent chaque jour à un jugement erronné.

L'idiome italien échappe par sa flexibilité, par sa richesse même ; d'ailleurs il n'est point uniforme dans toute l'étendue de la Péninsule. A Milan, à Venise, à Florence, à Rome, partout des nuances distinctes qui nécessitent de nouvelles études de la part du voyageur. Ce n'est pas tout ; il a appris dans les livres, il a cherché à posséder la langue littéraire de Dante, de Pétrarque, de Tasse ; mais ce n'est plus celle de Machiavel, comme la langue de Machiavel n'est pas celle de Gravina ou de Filangieri. Entre la prose et la poésie, un abîme immense. De même, entre la langue du beau monde et l'idiome du peuple, il y a de nombreuses différences, dont on ne tient nul compte en retraçant les mœurs italiennes : cependant le langage d'un peuple est la clef de son histoire publique et individuelle.

# UN VOEU D'ARTISTE.

---

Il est des lieux célèbres que le souvenir d'un grand homme ou d'un grand événement recommande à la piété et aux hommages de toutes les générations accessibles au sentiment de l'enthousiasme et de l'admiration. Dans ces lieux, but de lointains pèlerinages, on dépose ordinairement un *album*, et chaque visiteur peut y inscrire son nom, ainsi que l'expression des idées et des sensations qui viennent agiter son cœur.

A côté du nom on joint une sentence, un fragment poétique, une réflexion émanée d'une émotion vraie, parfois même une simple citation, un lambeau de phrase ou de vers emprunté à un écrivain illustre : cet *album* finit par présenter une marqueterie d'un vif intérêt ; non que tous les éléments qui le composent soient de la même valeur, aient le même prix intrinsèque. Trop souvent, auprès d'un joyau d'or pur, se glisse une mesquine offrande de cuivre ; n'importe : il règne dans cette œuvre à laquelle ont concouru tant de mains différentes, tant d'êtres étrangers l'un à l'autre, il y règne un décousu, une bigarrure qui fait du tout un recueil piquant, où chaque page prépare une surprise.

Je voudrais que Rome eût un immense *album*, sur lequel tous les voyageurs illustres, qui viennent visiter la ville éternelle, écrivissent, avec la plume ou le crayon ou le ciseau, leurs impressions et leurs sentiments. Depuis bien des siècles dure le pèlerinage, il continuera pendant bien des siècles encore, et cet album aux mille et mille pages serait aujourd'hui, sans parler de l'avenir, presque aussi intéressant, presque aussi curieux que Rome elle-même. Depuis les outrages du blasphème jusqu'aux acclamations de l'apothéose, tout se trouverait sur ce livre monumental, et ce livre n'offrirait pas seulement le tableau le plus fidèle, le plus vrai, de l'état de Rome, il reproduirait encore les mille physionomies des principales contrées de l'univers.

Civilisation antique, civilisation moderne, se rencontreraient là, malgré les siècles qui les séparent. Chaque religion, comme chaque système de philosophie, d'art, de littérature, aurait son représentant. Et quels représentants que les sommités intellectuelles qui tour-à-tour ont honoré l'humanité, se rencontrant dans un pareil cadre, sur un semblable théâtre, en présence d'un tel modèle !

Cette idée m'est venue à la Villa-Medicis, dans ce sanctuaire des arts, dans cette colonie française que Louis XIV et Colbert fondèrent à Rome, afin de continuer les traditions de François I$^{er}$. Le captif de Pavie avait jadis appelé sur les bords de la Seine et de la Loire, à l'ombre des grands arbres de Fontainebleau et de Chambord, il avait appelé Primatice et Léonard de Vinci ; il prépara ainsi cette grande école nationale à la tête de laquelle brille Jean Goujon. Louis XIV voulut encore plus. Il montra aux jeunes artistes la perspective séduisante d'un séjour de plusieurs années en Italie, d'un séjour qui serait la récompense d'un premier laurier remporté à Paris, et le gage de nombreux succès au retour. Le grand nom des Medicis, ce nom si cher aux artistes, vient rayonner à côté de celui du grand roi, à côté du nom de Colbert, comme le frontispice de cette magnifique institution.

Pendant leur séjour à la Villa-Medicis, comme pensionnaires de l'académie de France à Rome, les jeunes lauréats sont tenus d'exécuter un ouvrage qui paie en quelque sorte la noble hospitalité qu'ils reçoivent. Architecte, sculpteur, peintre, musicien, graveur, chacun s'efforce d'acquitter sa dette envers le pays.

Au milieu de cette colonie d'artistes, en examinant le but de cette institution, j'ai pensé à la dette d'hospitalité que tous les pèlerins de Rome contractent envers cette ville, et j'ai conçu le plan de mon *Album romain*.

Ce plan entrevu dans un rêve, cette fantaisie, ce caprice d'une heure de désœuvrement, ce plan a été exécuté; il ne s'agit plus que de réunir les feuilles éparses de l'*Album romain*, écrites à diverses époques et sous l'empire de tant de civilisations différentes.

Parmi les nombreux voyageurs tour-à-tour attirés au bord du Tibre par la Rome des Consuls, des Césars et des Pontifes, ne compte-t-on pas les plus grands écrivains, les plus célèbres, artistes? Ces écrivains et ces artistes n'ont-ils pas consigné leurs émotions, leurs jugements, leurs sympathies ou même leurs répulsions? Que faut-il faire? — Aller dans leurs ouvrages, dans leur correspondance familière, dans leurs tableaux, dans leurs compositions, chercher la page, le vers, l'image, le trait, inspirés par Rome; coordonner, d'après l'ordre chronologique, tous ces portraits, toutes ces descriptions, tous ces fragments, et vous en verrez sortir l'œuvre la plus originale, la plus puissante, la mieux modelée.

Quel livre, en effet, que celui où viendraient apporter leur tribut tant de beaux génies; quel livre que celui qui ne se bornerait pas à exprimer une opinion, mais qui les réunirait toutes dans un harmonieux pêle-mêle! Et pour commentaire à ce livre, voyez se détacher en relief les études d'un Michel-Ange, d'un Benvenuto Cellini, d'un Puget, d'un Canova, d'un Thorwaltsen; voyez se profiler les esquisses et les toiles animées par Raphaël, par Poussin, par David, par Ingres, par Horace Vernet. Pour le texte, vingt langues différentes; pour l'illustration du texte, une seule langue, celle du génie de l'art que perçoivent à la fois le cœur, l'esprit, l'âme et les sens.

Au fait, Rome mériterait bien ce bel hommage. Les révolutions politiques et militaires ont pu briser son glaive, mais son empire subsiste toujours, il subsiste au moins par la religion des souvenirs. C'est le lot de tout ce qui fut grand sur la terre. Les efforts des Barbares et les outrages du temps ont eu beau multiplier les ruines, le prestige de Rome est toujours le même.

Examinez tour-à-tour les grandes cités qui ont eu tant de retentissement dans les destinées du monde; Babylone, Tyr, Ecbatane, Suze, Memphis, Alexandrie, Palmyre : quelle que soit la poésie qui s'attache à leurs débris, rien ne peut égaler l'influence du Capitole et du Vatican. Il n'y a au-dessus qu'une seule cité, Jérusalem, comme le sanctuaire de l'ancienne loi, comme berceau de l'Evangile. Et Jérusalem elle-même lègue à Rome le titre de sanctuaire de la nouvelle loi.

A Rome, en effet, se soudent les anneaux de la grande chaîne des destinées de l'humanité; les Catacombes renferment sous leurs immenses voûtes la pacifique milice du Christ qui, en ne versant que son propre sang, triomphera des lances des Prétoriens et de la discipline des Légions. Derrière ces rangs généreux, voici la savante cohorte des législateurs, de ces hommes de sciences et de doctrines, dont les prescriptions deviendront la base de toutes les transactions sociales ; et après les législateurs surgissent les artistes.

Ainsi, la religion qui fait le bonheur de l'homme, la loi qui lui assure sécurité, les arts qui charment son existence, ce triple faisceau s'appuie sur la cité de Saint-Pierre, d'Ulpien et de Léon X. Maintenant, pour fond du tableau évoquez les souvenirs des antiquités latines et des origines étrusques ; sur le Mont-Palatin placez le toit de chaume d'Evandre et le banc de gazon où venait s'asseoir Orphée ; pour cadre à ce tableau donnez les fastes des rois de Rome, les luttes sanglantes de la République, ses temps de pureté et de corruption, puis le gigantesque drame de l'empire, et vous aurez besoin du génie combiné de Salluste, de Tacite, de Montesquieu, des chants de Virgile et d'Horace, de Pétrarque et de Tasse, des malédictions de Dante, des lamentations de Byron et de Chateaubriand, pour que l'exécution réponde à la grandeur de l'image.

Il est vrai qu'une peinture, exécutée par un tel

concours de génies supérieurs, reproduira toutes les faces, tous les aspects de la physionomie de Rome. Ce serait un monument digne de cette cité-reine, à laquelle les décrets de Dieu ont assigné de si hautes destinées, depuis le jour où elle fut organisée par la guerre et pour la guerre, jusqu'à notre époque contemporaine où elle n'est plus que le temple de la paix, que le sanctuaire de la religion, de l'histoire et des arts.

FIN DU PREMIER VOLUME.